JN216717

胸は落とさない！

下腹ペタンコダイエット

ボディライン・アーティスト
Micaco

サンマーク出版

「いつまで、真っ暗闇のなかでセックスし続けるのか」問題

私はライター女子、山守麻衣。

健康や医療、ときどき美容など、〝体〟に関する本を作るお手伝いをしています。

大学教授やお医者さんなどの専門家に取材できる、ありがたいお仕事です。

でも正直なところ、大きなプレッシャーに負けそうになることも。だって私自身が「健康」でないと、携《たずさ》わらせていただいた本に説得力がないではありませんか。

とくに気になるのは「肥満」という、永遠のテーマ。「肥満は万病のもと」なんてフレーズを、耳にタコができるほど、専門家の先生たちから聞かされ続けてきました。

「じゃあ、いったいどうすればやせるのですか?」

「食べる量さえコントロールすれば、カンタンです!」

こんな問答を、エラい先生たちと今まで何十回もくり返し……。

「それができりゃ、苦労せんわ！」

と、心のなかでツッコむことも、しばしば。

またスリムで美しい美容家の女性たちにお会いするたびに、「女性としての自信」をどんどんすり減らしてもきました。

そのたびに「表舞台に立つ女性と、私の役割はまったくちがうから……」。

そんな言い訳をして、心に予防線を張りながら、なんとかお仕事を続けてきました。

けれど、たしかに太っていると不便なことは多いもの。その最たる〝スポット〟と言えば「下腹」でしょう。なぜなら、

下腹が出ているだけで、なにを着ても似合わないから。

かわいいスカートも、有名ブランドのワンピースも、みーんな即アウト。

そんな私がたどりついたのは**「どんなスタイルのときでも、とりあえずジャケットを着る」**という、まるでオジサンのような安易なテクニックでした。

ジャケットを着ていると、そちらに目がいくため、下腹から視線をそらしてもらえるはず！　という淡い期待をしてのこと。ボディラインが出やすいカーディガンなんかを着た日には、私のお腹《なか》をチラチラ見てくる相手の視線が気になって仕事になりません。

そんなジャケット女子をつらぬいているおかげでお仕事の現場では、「いつもかっちりとしたファッションですね」と声をかけていただくように。しめしめ、と思いながらも、真夏でもジャケットが手放せなくなり、夏が大嫌いになりました。

にっくき下腹を、ジャケットという〝フタ〟で、ごまかし続けるのにも限界がきたんです。

私の心をソワソワさせる原因はふたつあります。

ひとつめの原因は、65歳の母の体調です。

ある日突然電話で、**「糖尿病の検査でひっかかった」**と告げられたのです。

「まだホンモノの糖尿病、というわけではないけれど、主治医には『運動しなさい』って怒られちゃった。やっぱり運動しないのも、糖尿病の原因になるんだってね。あなたもパソコンにばっかり向かってないで運動しなさいよ」

こんな母の言葉が、心に刺さらないわけがありません。

ソワソワのふたつめの原因は、夫の「フェイスブック」です。

彼の仕事用のフェイスブックを偶然見て、胸が詰まりそうになったんです。

夫の職業は「テレビ屋」。華やかな世界の〝裏方〟で、タレントさんをキャスティングして、スタッフさんを集め、ロケを行い編集するという番組制作に携わっています。

もちろん、仕事柄、タレントさんたちと宣伝のために記念撮影をすることだって、しばしば。フェイスブックには、有名美人タレントさんたちを引き立てるように写っている、スーツ姿の夫の写真がありました。

「夫の職場にはキレイな人がいっぱいいる！」、それは結婚前からわかっていたこと。

けれども、ソワソワとしたものを心に感じずにはいられなかったのです。

冷静に考えると、「ソワソワ」の直接的な原因は、堂々と微笑《ほほえ》む美人タレントさんたちのペタンコな下腹でした。

「お腹を見て！」と言わんばかりのキラキラした彼女たち（胸だって、かなりある！）。

「でも、他人との〝下腹格差〟を感じるのは無意味なことだ……」

下腹のお肉を、まるで猫でもかわいがるかのように触りながら、私は自分自身をなだめるしかありませんでした。

それから数日後のことです。事務所に届いた資料を読むうちに「お腹やせ」に効くエクササイズの専門家の存在を知りました。

彼女の名はＭｉｃａｃｏ（ミカコ）さん。なんでも**「胸は落とさず下腹をペタンコにする」**というのです。**「17kgの産後太りを2度解消した」**という経歴に、まず心をわしづかみにされました。そしてセックスレスをテーマにした著作がある、ということにも……。

私も産後、セックスの回数が明らかに減ったことが気になっていたのです。

最近は、自分の変わり果てたお腹まわりのラインがイヤで、セックスのときは、かならずカーテンを閉め切って、部屋中を真っ暗にすることも。

「少しでも光が入っちゃダメって、罰ゲーム？　これじゃ写真を現像する暗室だよ」

そう茶化した夫には、私の下腹の悩みなんて一生理解できないことでしょう。

「Ｍｉｃａｃｏ先生に会いたい！」

私は衝動的に、Ｍｉｃａｃｏ先生に取材依頼のメールを送っていました。

胸は落とさない！　下腹ペタンコダイエット　目次

第2章 どうして下腹は落ちにくいの？

第3章　1日5分！下腹ペタンコ・エクササイズ

第4章　下腹ペタンコ特製ドリンク&腹パック！

ぷる

序章

Micaco先生との出会い

美しさとは、心の持ち方。
「私は愛される価値がある」と信じること。
（ミランダ・カー）

座ると存在感を出すあいつの正体

──「Micaco先生にお話をうかがい、『下腹ペタンコになれる本』を作らせていただきたいです。ぜひ一度、直接お目にかかれませんか？」

Micaco先生は、そんな私の願いにこたえ、東京の六本木にある「下腹ペタンコの教室」に招いてくださいました。彼女はその教室で、多くの女性たちの「下腹ペタンコ」を応援し続けているのです。

最初にMicaco先生にお会いしたとき。洋服の上からでもわかる胸から下腹への美しいラインに、私は思わず見惚《みほ》れました。まじか……。

さらに、太陽のように明るく包み込むような彼女の笑顔に、一瞬で大ファンになってしまったんです。

麻衣　はじめまして！　お写真どおり、先生って本当にすばらしいスタイルですね！　下腹もペッタンコ！　スゴいです！

先生　ありがとうございます！　麻衣さんも、すぐにこうなりますよ。

私のダイエット法を本にしてくださるなんて、とってもうれしいです。

下腹ペタンコになるワザをぜーんぶお伝えしますね！

はじめましてー
すらりー
こ、これでアラフィフ…

麻衣　わー、ぜんぶですか！

先生　はい、ぜんぶです！　下腹ペタンコになると「キレイ」や「健康」、それから「モテ」が実現するのはもちろんですが、なにより自分に自信がもてますよ。

自信って「私にもできた！」っていう達成感や充実感を通して身につくものでしょ。でも年齢を重ねると、達成感や充実感を味わえる機会は激減するものです。

そうするとたんに、自信をもちにくくなってしまうんです。

「難しいかもしれないけれど、挑戦しよう！」

そんな気持ちを、あらゆる年代の方に思い出してほしいんです。

下腹ペタンコをめざして、実際にそれを手に入れれば、自信は満ちてくるものですよ。

麻衣　「自信」ですか……。たしかにそうですね。私、自分にぜんぜん自信がないんです。

先生　麻衣さんは、なぜ「下腹ペタンコ」っていう言葉に注目してくださったんですか？

麻衣　先生、私のことなんてイイですから……。それよりも、この本の読者たちのためにお話をうかがいたくて……ゴニョゴニョ。

先生　じゃあ麻衣さんって、実際に今「下腹ポコリ」になってる？

麻衣　はい。立っているときはともかく、座るとすっごくよくわかります。とくにデスクでパソコンに向かっているときは「イスに座りながら子猫を大事に抱いている気持ち」になります。

先生 もはや下腹ポコリがかわいいわけですね。愛着がわいたらお別れしにくくなっちゃって大変ですよ、男性と同じで。

麻衣 ええっ？ そ、そうなんですか……。あとはシャワーを浴びたり、シャンプーしたりしているときに、前かがみになりますよね。すると「あっ、下腹ポコリがいる！」って。

先生 カワイイ妖怪の名前みたいですね、「下腹ポコリ」って（笑）。

麻衣　そうなんですよ。それから、階段を下りているときも気になっちゃいますね。なんか揺れてる、みたいな。胸は揺れないのに……。

先生　あはは。階段を下りる動作って、うまくやればいいエクササイズになるんですけどね。**下腹ポコリに気をとられていては、脚も上がりにくいでしょうし、運動効果もあまり期待できませんね。**それに**下腹ポコリにばかり目がいくと、姿勢は猫背になりがち**です。

麻衣　ドキッ！　おっしゃるとおりです。先生、下腹ポコリの正体って、いったい何なんでしょうか？

先生　ミもフタもないですが……、ズバリ脂肪ですよ。それと「もう私はこのままでいい」っていう**「〝あきらめの気持ち〟の結晶」**なのでしょうね。

人間って、がんばれば美しさとか健康とか、いろいろなものをあきらめずに生きられるはずなのに……。

生まれつきズボラにできているから、いちはやくあきらめてしまうものなんです。

そんな「〝あきらめの気持ち〟の結晶」が、下腹ポコリなのだと思います。

麻衣　「〝あきらめの気持ち〟の結晶」なんて、なんだかキレイですね。

先生　全然、いいものじゃありませんよ。別の言い方をすれば「心身の老廃物がたまったもの」というところでしょうか。

麻衣 うわっ、それは汚そう！　一刻も早く手放したいです。

先生 それはさておき、私に連絡をくださったということは、麻衣さんも下腹ポコリに悩まされているってことでしょ。いったいどんなことにお困りなんですか？

麻衣 はい。じつは私、お仕事のときにジャケットが手放せなくて困っているんです。ジャケットが下腹ポコリの〝家〟みたいになってます（笑）。

先生 ええっ、麻衣さんは真夏でもジャケットをはおって過ごされているんですか？　真夏の上半身といえば、なんといってもノースリーブがおすすめですよ。私なんて撮影や収録のときは、1年中ノースリーブ。もはや〝制服〟です。ほんとはお腹《なか》だって、みなさんの前にさらしたいくらいです。

それには理由があるんです。下腹ポコリに限ったことではないけど、

体って隠せば隠すほどお肉がつく。反対に、出せば出すほどやせていくんです。

おでかけするとき、下半身はミニスカート。

エクササイズをするとき、上半身はタンクトップ。

この原則をつらぬけば、自然にバランスよく全身を露出していることになります。

麻衣　いえいえ先生、私なんかそんなの絶対ムリですよ！

先生　あ、そういうことを考えないで！　思っていることは、そのまま現実になってしまいますよ。**「私なんか」という後ろ向きな言葉は使わない。「私だから、できる」と言い換えてみてください。**

麻衣　うーん、私にできるんでしょうか……。あっ、こういう言葉がダメなのか。でも、やっぱり先生はいいよなあ。美人だし、スタイル抜群だし、いい意味で自信マンマンで前向きオーラに満ちていらっしゃいますもんね。

先生はきっと昔から、モテモテで過ごしてこられたんですよね。ちやほやされたり、ほめられることに慣れていて、だから自信がおありなんですよ。

先生 うーん……。麻衣さんには、そう見えますか？

麻衣 ハイ！

先生 ありがとうございます、素直にうれしいです。

私、誰かにほめていただいたときには、そのお気持ちをきちんと受け取るようにしています。「社交辞令かもしれない」って思ったときもです。だって、たとえそうでも、ありがたいことですからね。

でもね、ほんとうは私も、自信がなくてたまらない時期が長かったんですよ。

麻衣 またまた、そんなご謙遜《けんそん》を……。Ｍｉｃａｃｏ先生は、バリバリの美容エリートじゃないですか！

「下腹ポコリ」を
隠して生きていくのは
そろそろ限界……

先生　麻衣さん、よかったら教えてくれませんか？　麻衣さんが「下腹ポコリ」をやっつけて「下腹ペタンコ」になりたい本当の理由を。

麻衣　えっと……。下腹ポコリって、健康にも悪いんじゃないかって思うんです。

先生　そうですね。

たしかに下腹ポコリが原因の症状は、たくさんあります。だから、ジャケットの下で大事に育てるんじゃなくて、明るいところにさらすべきなんです。

下腹ポコリがいるせいで無意識のうちに「隠したい！」と思ってしまい、つられて猫背になっちゃう。その猫背が今度は肩こりを引き起こしたりするわけです。

麻衣　それ、私のことです！

先生　うんうん。麻衣さんはお見受けしたところ〝働きすぎ系下腹ポコリ女子〟だと思います。**パソコンに向かいすぎ、考えすぎ、体を使わなすぎ……。**運動はしていますか？

麻衣　スポーツクラブのマシンで歩いたり、走ったり。ヨガの「単発クラス」にも参加しています……といっても、年に数回の話です。ごめんなさい、時間がなさすぎて。

仕事だけじゃなく、保育園の送り迎えなんかもあるんですよ。

だから歩くのさえ億劫《おっくう》で、タクシーばっかり乗ってます。

先生　お子さんがいらっしゃるんですね。子育てしながらのお仕事は、ほんとに大変ですものね。運動量は少なくなりがちだし。それでも、真剣に下腹ポコリとお別れしたいと……。それならまず、いくつかの考え方を変えていきましょう。

まず**「スポーツクラブやヨガに通わないとダメ」**っていう思い込みは捨ててください。**運動なんて、「おうちでできるもの」。むしろ「おうちでできる」からこそ、長く続く**ものなんですよ。

それに**「時間がないから運動ができない」**っていう考えも、捨て去ってください。

どんなに忙しくても、**きちんと結果が出る運動であればおもしろいから続くんですよ。**

ところですごくヘンなことをお聞きしますが、ごめんなさい。麻衣さんはつまり、体を使うことがあまり好きではないのですよね。ちゃんと今まで、セックスはしてこられたんですか？

麻衣　いちおう、子どもは二人いますけど……。

先生　じゃあ、今はどうですか？　大事なのは、「今」。麻衣さんみたいに**「子どもに時間をとられて……と考えがちな既婚女性」**がいちばん危ないんです。

麻衣　私、べつにヤリたくないんですよね……。忙しいこともありますし。

むしろしないほうがラクというか、ありがたいというか。同じ1時間なら、マッサージ屋さんで体をもんでもらうほうが幸せです。そもそも、セックスとかまったく興味がないんです。とくに気持ちいいとも思わないし。

「健康上のメリットがありそうだから、やっとくか！」くらいの境地です。

それに服を脱ぐと、自分の視界に下腹ポコリが現れて……。それだけでイヤですね。

先生　では、あなたはこれからもずっと、下腹から目をそらし続けるんですか？

自分の下腹ポコリばかり気にしている女性が、幸せなセックスをできるわけがないような気がします。失礼を承知で言うと、麻衣さんのパートナーもかわいそうではないでしょうか？

麻衣　そ、それは……。

私は気づくと、泣いていました。

目から涙があふれていました。

下腹が出てきたとき、私はまず憎みました。

年齢を重ねる、ということを。

忙しすぎて、体に目を向ける余裕がなかったことを。

さらには、子どもを産んだことさえも。

本来、これらはとっても素晴らしいことであるはずなのに。

「年をとったから、下腹が出てきたんだ！」

「忙しいから太ってしまって、下腹が出てきたんだ！」

「子どもを産んだから、下腹が出てきたんだ！」

心のなかで、こんな言い訳をくり返していたのです。Micaco先生に会うまで、自覚したことはありませんでしたが、なんと残念な日々を過ごしてきたのでしょう。気づくとMicaco先生は、ポロポロと涙を流す私の背中を、やさしくさすってくれていました。

先生　麻衣さんは今まで**自分の体をかえりみるひまもないくらい忙しかった**のですよね。それは**「自分の体を大事にする」という優先順位が、低かった**だけです。**「ほかに大事なことがあった」**わけだから、悪いことではありません。

でも心に少し余裕ができて、私のことを見つけてくださった。つまり「自分の体」に注意を向ける気力がわいてきた。それはとっても素晴らしいことです。

がんばれば、いつでも下腹ポコリは出ていってくれるから、大丈夫ですよ。

麻衣　先生、ほんとですか？　いったいどうすれば、下腹ポコリは出ていってくれますか？

先生　まずは4週間、私の考案したエクササイズを続けてください。

お金は1円もかからない。
わざわざ着替える必要もない。
仕事や遊びの予定も、損なわない。
食生活だって、今のままでいい。

お子さんともいっしょに、楽しく取り組めるかもしれない。

最終的には、パートナーともうまくいく。これは私が保証します。

麻衣　ううう……、先生、ありがとうございます。私がんばります！

先生　では次に来てくださったとき、まずは基礎的なところから説明させていただくことにしますね。もちろん、手ぶらでいらしてください。過去の経験や思いはいったん置いて、まっさらな心と体で来てくださいね！

第1章

「胸だけ落ちてしまう」問題

どんな人も美しくなれるし、才能を持っているのよ。
自分は美しい、才能があると、そう思うことが大事です。
（宇野千代）

人気のジョギングにひそむ〝運動貧乳〟の恐怖！

――最初の訪問から1週間後。

「下腹ポコリをゲキタイして、ぜったい下腹ペタンコになる！」

そんな決意で、私はMicaco先生の教室を訪れました。

「先生、今日は〝超〟基本的なところから、お話を聞かせてください」

「わかりました。じゃあ、これから基本の〝き〟をお話ししますね。下腹ポコリを追い出すには、お腹《なか》がやせるメカニズム以前に、体がやせるメカニズムから正しく理解しておくことが大事です。そうしないと、女性としてのほかの魅力が損なわれかねないんですよ」

先生のお話は、なんだか意味ありげな第一声からはじまりました。

先生 私の教室に来てくださる女性の多くは、口をそろえてこうおっしゃいます。「お腹を引っ込めたい！」「下腹をなんとかしたい」って。

そこで私は「過去のダイエット歴」について、まず聞き取りをしています。「お腹を引っ込めるために、実際に何かダイエットを続けていますか？」って。すると、さまざまなダイエット法の名前が飛び出してきます。多いのは「有酸素運動」です。ジョギング、マラソン、水泳……。つまり、長い時間をかけておこなう運動の仲間です。

たしかに有酸素運動は心臓や肺の機能を高めてくれたり、体脂肪を燃焼させてくれたりします。**でも残念ながら、体脂肪というのは胸から燃焼し、胸がどんどん落ちていっちゃうんですよ。**

麻衣　ええっ！　それって「ダイエットのせいで胸が小さくなる」ってことですか？

先生　そう、残念ながら**「みるみる胸が小さくなる」**んです。ダイエットをしたときに、脂肪が落ちていく順番というものがあります。

有酸素運動でダイエットをすると、脂肪が落ちるのは「お腹」より「胸」が先なんです。

そして、**皆さんの本命の「お腹」までは、なかなかやせない。一生懸命走れば走るほど胸だけ落ちてしまう。**そんな〝悲劇〟も多いんですよ。

麻衣　えええええっ！　いったいなんのために走っているのか、わからないじゃないですか！　ほかのところはやせても、胸だけは絶対に落としたくないんですから。これ以上落ちたら、ほんと、もう、どうするんですか、先生！

先生 ちょっと落ち着いてね（笑）。でも、これは事実なんですよ。

最近、女性のジョギングやランニングの愛好者が増えていますよね。「美ジョガー」なんて素敵な言葉もよく見聞きするようになりました。でも、彼女たちが「走りすぎのせいで胸だけ脂肪が落ちてしまわないだろうか」って、私はひそかに心配しているんです。

もちろん、「走ること」自体は体にとってもいいことです。あらゆる病気を防ぐことにつながるし、さまざまな美容効果だって期待できます。でも「胸の肉から落ちる」というのが、ほとんどの有酸素運動にあてはまる大きな欠点なんです。これは覚えておいてくださいね。

どうせダイエットをするのなら……。女性らしい丸みのあるボディラインを残したまま、やせたい。さらに言うと、より女性らしいボディラインに近づきながら、やせたい。

なんだか欲張りに聞こえるかもしれませんが、麻衣さんはそう思いませんか？

「胸だけ落ちて、お腹は凹《へこ》まない」という悲劇

先生　有酸素運動の場合、「お腹」より先に「胸」が落ちてしまいます。ほかのダイエット法の場合についても、考えてみますね。

過去10年間に、10万人以上の「やせたい女性たち」に向き合ってきた私の実感で言うと、**ダイエット中の体の部位には「やせる順番」が存在します。**

「やせはじめ」のごく初期は、体にたまった水分や毒素、食べたものから減りはじめます。体重がほんの少し減りはじめる時期ですよね。

それが終わると、いよいよ本格的に「やせる」時期が訪れます。「やせた！」と見た目でわかりやすい部位は、ちょうど10あります。私はこれを**「体がやせる順番ベスト10」**と呼んで、生徒さんたちによくお話ししています。

麻衣　「まず、第1位の部位からやせはじめる」っていうことですか？

先生　そうなんです。1位はどこだと思います？　体にあるふたつの首、手首と足首なんです。もし「いつもの腕時計がゆるくなった」と感じたら、それこそ、「やせはじめ」のサインです。とってもわかりやすいでしょう？　**2位以降は腕、ふくらはぎ、肩、二の腕、太もも、次いで同時に胸と顔、そしてようやくお腹、最後にお尻です。**

麻衣　ええっ！　じゃあ、お腹がやせるのって、ほとんど最後じゃないですか！

「やせる」には順番があった！

「やせはじめ」の最初の最初は
体にため込んだ水分や毒素、食べたものから減りはじめます。
だから、あんまり当てにしないで。
もし「いつもの腕時計がゆるくなった」と感じたら、
それこそ、ほんとうの「やせはじめ」のサイン。
なぜなら、体のなかで最初にスリムになるのは、
「手首」と「足首」だからです！

ただし、お腹が落ちはじめるのは“ブービー賞”。
つまり最後から２番目！
最後の最後になって、ようやくスリムになりはじめる……
というわけです。
さまざまなダイエット法にたよって
少しはやせられたのに、
「お腹だけはどうしても落ちない！」
そう悩む人が多いのも、やせる順番を知れば、うなずけますね。

体がやせる順番　ベスト10

1位　手首＆足首

2位　腕

3位　ふくらはぎ

4位　肩

5位　二の腕

6位　太もも

7・8位　胸・顔

9位　お腹

10位　お尻

先生　そう、お腹がやせはじめるのは最後から2番目。「体がやせる順番」のなかでは〝ブービー賞〟、つまりほぼビリです。最後の最後に、ようやくお腹が凹みはじめる……というわけなんです。

麻衣　先生、ショックです。ダイエット法を選び間違えただけで、お腹が凹むまでにそんなに時間がかかるなんて！　でも、いろんなダイエット法に挑戦して、体重は落ちたのに、「なぜかお腹だけは落ちない！」って悩む人が多いのも、このやせる順番を知っていれば納得ですね。

先生　この「やせる順番」は、本当に理不尽なものですよ。だから、ダイエットをするときに、間違った方法を選ぶとダメなんです。

私も今の「下腹ペタンコダイエット」にたどりつくまでは、苦しい試行錯誤を重ねてきました。お決まりの**無茶な「食事系ダイエット」**や、**やみくもに体を動かす「運動系ダイエット」**。**でも、どちらも「お腹やせ」までたどりつかないんです**。ただ禁欲的にガマンするだけじゃダメで、正しい知識が必要です。

言い換えると……。「ダイエットの理論」さえきちんと押さえていれば、毎日短時間の集中エクササイズで、胸を落とさないで、下腹をペタンコにできてしまうんですよ。

麻衣　ええ、ほんとですか！　下腹をピンポイントで攻めることができるんですか！　ちなみに、その理論って、難しいんでしょうか？　私でもわかりますか？

先生　もちろん！　ではまず下腹を攻める前に、胸を守るための勉強をしましょうか。

麻衣さんが下腹ポコリについてお悩みなのはよくわかるけれど、胸のことだって同じくらい気になるでしょう？　胸には「落ちやすい理由」があるんです。その仕組みを知れば、きっと納得しますよ。

間違ったダイエット法は、胸をわざわざ〝貧乳化〟させるようなものなんですから……。

言葉はちょっと古いですが、胸を「兵糧攻《ひょうろうぜ》め」しているのと同じことですからね。

わかりやすくいえば、**「おっぱいいじめ」**です！

麻衣　そうなんですか！　いじめ反対！　ダメ絶対！

なぜ、ダイエット法を誤ると「胸だけ」落ちてしまうのか

麻衣　私、胸についてもコンプレックスだらけです。これ以上、見た目が小さくなってしまったら、さみしくて泣いちゃいます、先生……。

先生　麻衣さん、大丈夫！　胸の仕組みを知れば、「胸だけ落ちてしまう問題」は避けられます。まず、食事系ダイエットで胸が落ちてしまう4つの理由をお話ししますね。

ひとつめの理由は「栄養不足で、胸の細胞が作られなくなるから」。

胸に栄養を運んでいるのは、血液です。でも過激な食事制限をすると、正常に血液が作られなくなり、血液不足が起こります。その結果、胸の細胞を作ったり、すでにある細胞を維持したりできなくなり、胸がシワシワにしぼむことになります。

ふたつめの理由は「栄養不足で、クーパー靭帯《じんたい》が弱くなるから」。

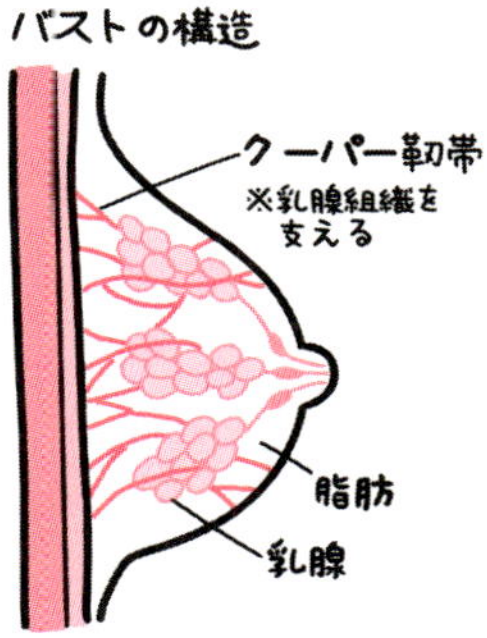

栄養不足によって胸の重さを支えている「クーパー靭帯」の力が弱まることも大きな理由です。クーパー靭帯は、見た目ではまったくわかりませんが、乳房《ちぶさ》を支えるベルトやバンドみたいな役割をしてくれています。クーパー靭帯が弱くなると、胸はどんどんたるんでいきます。それが「胸が落ちる」ことにつながるんです。

3つめの理由は「女性ホルモンが減り、乳腺がおとろえるから」。

いきすぎた食事制限をすると、女性ホルモンの分泌も減ります。女性ホルモンって、胸にとっても不可欠な存在。乳腺に働きかけたり、胸の形をキレイに保ったりする役割があるんです。だからこれが減ると、乳腺もしぼみ、胸自体もしぼむことになります。

麻衣　ひぇー。今のお話で思い出したことがあります。高校時代のクラスメイト、爆乳女子のIさんのことです。Iさんは「私って、巨乳じゃん？　だから○○でさぁ……」っていうフレーズが口癖で、多くの貧乳女子たちの心をザワつかせていた、超モテ系のセクシー女子高生でした。あるとき、久しぶりに本気になったみたいで「よりセクシーになるためにダイエットする！」と宣言したんです。でも、その後、厳しい食事制限で胸がみるみる落ちてしまい、困り果てていました。

まあ、その話を聞いた私たち貧乳女子は、溜飲《りゅういん》が少し下がったのですが……(笑)。

先生　Iさんのケースはお気の毒ですね。まさに「食事系ダイエットで胸が落ちた」という典型例です。爆乳だからこそ「胸が落ちた」というのがよくわかったんでしょう。食事系ダイエットだけじゃありません。運動系のダイエットにだって危険はひそんでいますよ。

それが4つめの理由、「そもそも胸の脂肪は、燃焼しやすいから」です。

胸は心臓の近くにありますよね。だから胸の脂肪は温度が高い、つまり燃焼しやすいのです。

運動方法によっては、胸の脂肪からまっさきに燃え、胸の肉から減ることになってしまいます。先に見た「有酸素運動で胸だけ落ちる」っていうのは、まさにこのパターンです。

麻衣　ほんとうにダイエット法の選び方ひとつで胸だけ落ちてしまうことになるんですね。せっかくの血のにじむような努力が水の泡。くわばら、くわばら……。

胸は出たまま、お腹が凹んだ
メリハリボディが最強！

先生　麻衣さん、私の理想の体型についておわかりいただけたでしょうか。麻衣さんは当初「下腹ポコリをゲキタイしたい」という一心で、私のもとを訪れてくださいましたね。私ももちろん、下腹ポコリの存在は許すことができません。でも**下腹ポコリ退治と同じくらいに大事なのが「今ある胸」を保つことなんです。**もっと言えば**「ダイエットついでに胸を今より大きくしちゃう！」**そんな理想をかかげてほしいんです。ところで、麻衣さんの現在のバストのサイズって、いくつですか？

麻衣　たしか、アンダー75㎝のAカップです。

先生　私のエクササイズで、カップ数のひとつやふたつは確実にアップしますよ！

麻衣　ええっ！　大人になってからブラのカップ数なんて上がるんですか？　今から胸が大きくなるなんて、まったくイメージできないんですけど。

先生　いえいえ、むしろ「今からでしょ」って言いたい。麻衣さんの今の胸は、いわばお腹と一体化して埋もれている状態なんです。それを彫刻刀でえぐるように〝潜在的な胸〟をはっきりと浮彫りにしていきましょう。**「お腹を凹ませる」ってことは「アンダーバストを落とす」ということです。胸のトップはそのままで、アンダーバストが小さくなれば、胸の「見た目」は大きくなります。**カップ数だっておのずと上がりますよ。

ブラのカップって、絶対値じゃないんです。

麻衣　うわぁ、なんだか名言ぽいです！「ブラのカップは、絶対値じゃない」！

先生　**ブラのカップ数って、トップとアンダーの差で決まる相対的な基準**でしょ。胸のふくらみのトップ（もっとも高いところ）とアンダー（もっとも低いところ）を測って、どれくらい差があるかでカップ数が決まります。10㎝差があれば「Aカップ」。そこから2・5㎝刻みでカップは大きくなります。12・5㎝差で「Bカップ」、15㎝差で「Cカップ」、17・5㎝差で「Dカップ」……。でも私の生徒さんはカップ数が上がった人が多いんですよ。

麻衣　なんて素敵なお話！**下腹ポコリをゲキタイしてブラのカップ数もアップ**だなんて、まるで夢のようです。先生、早くエクササイズを教えてくださいよ～！

第2章

どうして下腹は落ちにくいの？

過去を変えることはできませんが、
未来はそう、私たちの自由になるのです。
（アンジェリーナ・ジョリー）

35歳は「お腹《なか》の曲がり角」。内臓が下がって下腹が出る

――「はやくエクササイズを！」そうせかす私に、Micaco先生は1枚の家族写真を差し出しました。そこには赤ちゃんをやさしく見つめる女性が写っていました。

麻衣　これ、Micaco先生とお子さんですか？　お二人ともかわいい！

先生　私の35歳のころです。〝35〟って、女性にとって節目の年なんですよ。2千年前の中国の医学書『黄帝内経《こうていだいけい》』には『女性は7の倍数の年齢のときに節目を迎える』って書かれています。たとえば28歳は『体が盛んになるピーク』、35歳は『顔の色艶にかげりが出て、体の衰えが現れはじめるとき』。42歳は『顔がやつれ、白髪が出はじめる』、49歳は『肉体が衰えはじめ、閉経を迎える』……。もっとも現代女性には当てはまらないことも多いはず。でもこの35歳の『体の衰えが現れはじめるとき』という指摘は、私自身を振り返っても理にかなっているんです。たとえば、内臓が垂れ下がる「内臓下垂《ないぞうかすい》」。35歳前後から、ほとんどの人にこの現象が訪れます。

麻衣　へえ……。でも内臓下垂になっても、痛みや苦しみってありませんよね？

先生　麻衣さん！　内臓下垂こそ、にっくき下腹ポコリの最大の原因ですよ！

あなたの「下腹ポコリ」も、きっと「内臓下垂」のせい

Q.「内臓下垂」ってなに？

A. 内臓が「あるべきところ」から下がること

たとえば「胃下垂」が有名ですが、腸や腎臓なども下がることがあります。下がった内臓たちは、そのまま「骨盤」の中へ……。骨盤は広がり、ウエストは太くなり、自然と「下腹ポコリ」が生まれることに！

Q.「内臓下垂」はなぜ起こる？

A. 大きな原因は加齢です

内臓を下垂させる原因は次の３つ。

原因①　運動不足
原因②　悪い姿勢
原因③　骨盤のゆがみ（骨盤については 70 ページをどうぞ）

上の３つの原因は、この本１冊でぜ〜んぶ解消することができます。35 歳の「お腹の曲がり角」を越えても、習慣ひとつで内臓下垂はゲキタイ可能です。

下垂した内臓

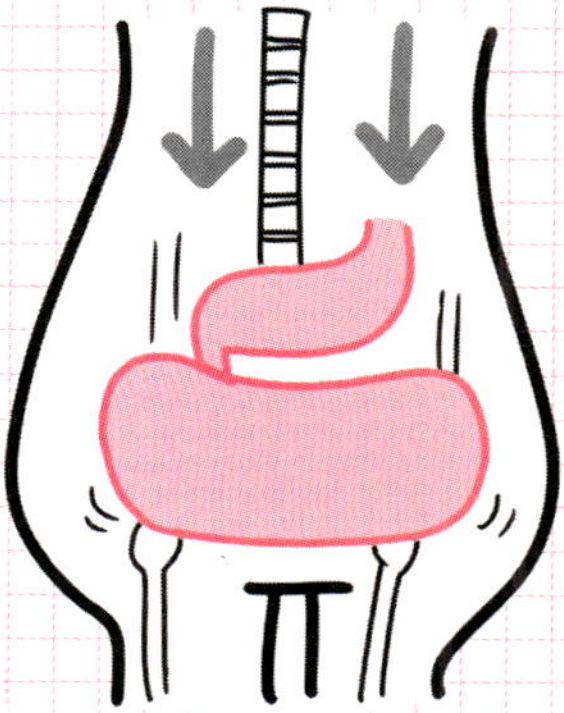

正面から見た図

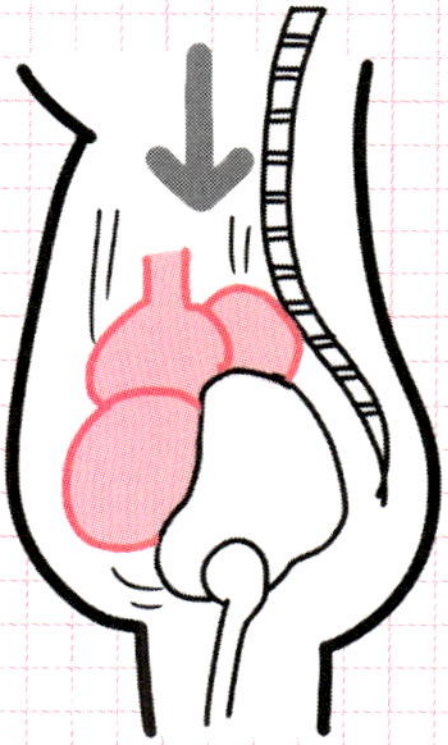

横から見た図

正しい位置の内臓

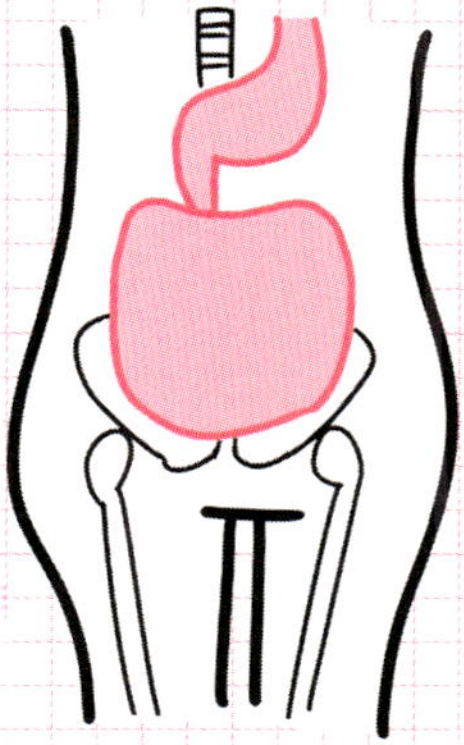

正面から見た図

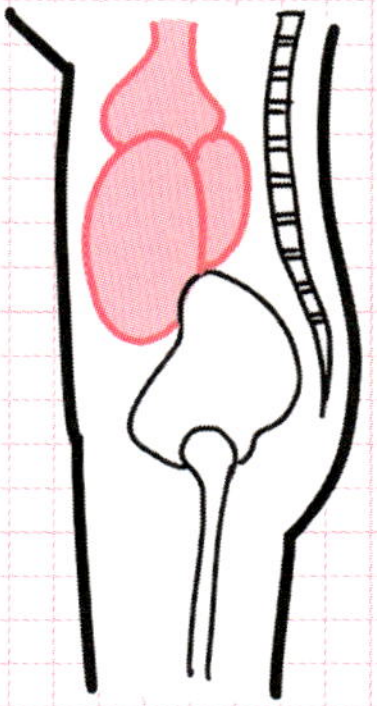

横から見た図

妊娠・出産で伸びた皮膚は、「縮む」ことはない

先生　女性の35歳は「お腹の曲がり角」。内臓が下がりはじめてお腹が出る時期です。それともうひとつ。忘れてはならない女性ならではの節目があります。妊娠・出産です。もちろん、それらを選ばない道もあります。ここでは私の経験上、それらを選んだ場合についてお話ししますね。妊娠・出産がお腹に与える変化は、とても大きなものです。大きな変化は3つあります。ひとつめの変化は、

妊娠・出産でお腹の皮膚が伸びきってしまうことです。

おそろしいことに妊娠・出産で一度伸びた皮膚は「元どおりに縮む」ことはありません。

つまり赤ちゃんが胎内から出たあと、伸びきったお腹の皮膚は、そこに波打ったままベロベロと揺れ続けることになります。

テレビ番組のダイエット企画で、ビフォー（前）・アフター（後）の姿がよく比べられますよね。極端に太っていた方が短期間で体重を落とすと「お腹は凹《へこ》んでいるのに、お腹の皮がたぷついている」。そんな姿を見たことはありませんか。なぜ皮がキレイになくな

らないのか、非常に残念なところですが、産後のママさんのお腹もそれと同じ状況なのです。

つまり、産後の方がダイエットでやせたとしても、若いときのように皮膚がピンと張ったお腹に戻ることは、よほど鍛えないと難しいんです。**お腹の皮膚は、パンツのゴムと同じで、一度伸びると元の状態に戻るのはほぼ不可能なんですよ。**

「お腹自体はそんなに出ていないからかっこいいはずなのに、出産の余波の『皮膚たるみ』で悩んでいる」。そんな女性を、私は何百人も見てきました。

麻衣　ドキッ！　私もそうかもしれません！

先生　麻衣さんもお二人のお子さんを産んだのですものね。妊娠・出産によるふたつめの変化は、

骨盤がゆるんで広がってしまうことです。

出産後、とくにエクササイズをしない場合。下腹ポコリが現れるんです。理由は簡単です。骨盤を支えている「大腰筋《だいようきん》」「腸骨筋《ちょうこつきん》」などの体の深いところにある筋肉が弱くなっているから。

そして、**赤ちゃんがいた空間が空っぽになったため、子宮より上にある小腸や胃などの臓器がつられて下がってしまうからです。**そして3つめの変化。

「太りやすくなる」という「経産婦スイッチ」が入ってしまうことです。

いったん出産を経た女性（経産婦）の体は、そうでない女性よりも脂肪がつきやすすくなるもの。とくに、子宮があるお腹の周りにつきやすくなります。出産という一大事業が終わったあとも、いつまでも「胎児を守るために脂肪をつけなければ」という記憶が体に残っているためです。だから**「一度でも赤ちゃんを産んだことがある人は、その後ずっと太りやすくなる」**と言えるんです。

麻衣　先生も、私と同じでお二人のお子さんを出産されていますよね。それにもかかわらず、下腹ペタンコですよね。なんでこうも私とちがうのでしょうか？　いったいどうすればそうなるんでしょう？

先生　私はひとりめの出産時、**体重が17kgも増えてしまいました。**産後にあわてて元に戻しました。でも再び出産して**最終的にまた17kg増。**体重はなんとか戻しました。

でも出産後しばらくは、お腹を中心に体型の崩れは回復できなかったんです。悔しかったですね。だから、ありとあらゆる手段を使い「下腹ペタンコ」を取り戻そうと試行錯誤を重ねました。下の子が幼稚園に入る前の時期。「何かやろう！」「自分の崩れた体型を元に戻そう」と健康や美容の勉強をはじめました。

麻衣　30代から勉強ですか？　すごいです！

先生　熱意だけはあったんですよ。でもなかなか結果を出せず、かなり苦戦しました。今のエクササイズを開発する前の前の段階です。「流行のダイエット法をとりあえずがんばる」という〝肉弾戦〟でした。**ジョギングなどの有酸素運動、筋トレ系のダイエット法に手当たり次第に取り組む日々**でした。

でも不思議なことに、体重はおもしろいように落ちても体中のラインが軒並み垂れ下がってきたんです。当時私は38歳です。「ボディラインがたるみ出すのは、まだ早いんじゃない？」といろいろ研究したところ、**「骨盤がうまくやせるカギなのではないか」**とピンときたんです。それで「骨盤を鍛える系のエクササイズ」を開発して実践したら、ボディラインがしばらくしてキレイに戻りました。

そのときの経験から、私は、有酸素運動と筋トレをミックスさせて、しかも誰でもできるように短時間でできるエクササイズを世の中に広めたいと思ったんです。いわば、**有酸素運動と筋トレの〝いいとこどり〟**です。これはまた、のちほどお話ししますね。

麻衣　わー、はやく教えてほしいなあ。先生はオリジナルのダイエット法を編み出す前に、多くの知識とノウハウを身につけられたんですね。

先生　もちろん！　だから**ボディラインの「原因と結果」が理解できるようになりました。**あらゆるダイエット法を節操なく試したことで、いろいろなことを身をもって知ることができたんです。お金もいっぱいつかっちゃいましたよ。

じつは「お腹がやせる」には
5段階もある！

麻衣　「妊娠」「出産」というイベントを終えても、人生は続くわけで……。どんな女性も「下腹をペタンコにしたい」と思えば、その日からはじめちゃっていいんですよね。

先生　もちろん！　ただし、ある覚悟はしていただきます。

麻衣　えっ、「覚悟」って？

先生　**「下腹がやせる時期」は、お腹という広い範囲がやせる時期のなかでも、もっとも最後に訪れる**んです。

麻衣　ちょっと待ってください（苦笑）。そもそも、「お腹」がやせる順番って、10の部位のなかでもほとんどビリだったはず。それなのに「下腹がやせる時期」がお腹やせのなかでも最後だなんて……。下腹は、あらゆる体のパーツのなかで、「ダイエット効果が〝最後に〟現れる場所」ってことですね。それはキビシイなあ。

話は脱線しますけれど、「夕日が最後に沈む場所」ってフレーズで、沖縄の残波《ざんぱ》岬《みさき》というところが名所になっているんです。それと通じるものがありますね。これだけパーツ数の多い人体のなかで〝最後〟かぁ……。

先生　期間で言うと、**ダイエットをはじめてから約４週間かかります。**お腹を区画整理して考えてみましょうか。

これが「お腹やせ５段階の法則」！

「お腹やせ５段階の法則」は次の通りです。

①くびれ期

→くびれができる
（最初に３～４㎝、ウエストがしまるのはこのおかげ！）

↓

②背中期

→ウエスト後ろの「背肉」が落ちる
（このあともがんばり続けると、ある日突然お腹の正面が凹み出す！）

↓

いよいよ、ここからが本番！

③胸の下期

→お腹正面の「胸の下」（３分の１の最上段）が落ちる

↓次ページ

④下腹の上期

→お腹正面の「下腹の上」（3分の1の真ん中）が落ちる

⑤下腹期

→お腹正面の「下腹」（3分の1の最下段）が落ちる

「下腹期」までに起こる、さまざまな問題

ひとつ　そこに行くまでに**挫折**する
ひとつ　**余計な筋肉**が、思わぬ場所についてしまう
ひとつ　**胸が落ちてしまう**
結果、胸が落ちて、お腹は凹まない。
余計に体型が悪くなってしまう。
仮にお腹が凹んだとしても、胸も落ちてしまうから。
ガリガリ系のやせ方になってしまう！

下腹に到達するまでに起こるさまざまな問題とは

麻衣　「下腹期」にたどりつくために、必要なことってなんでしょう？

先生　まず「完璧主義」を手放して、ユルく考えること。毎日〝優等生〟じゃ、長くは続きません。たとえば、食生活。「エクササイズをせっかく毎日やっているんだから」と思うと、それまでの暴飲暴食の生活と縁を切りたくなるかもしれない。でも人はそんなに急には変われません。

だから**ガス抜き的に暴飲暴食する日を〝織込み済み〟にしておく**んです。たとえば週に1～2回はハメをはずしてもいい。そのかわり翌日から、また通常運転に戻る。マジメな人は「ダイエットをしたら、毎食禁欲的に節制しなくちゃ」と思い込んでしまうことが多い。そんな人ほど一度暴飲暴食すると、ダイエットそのものをやめてしまいがちなんです。そんな考え方を、「ゼロサム思考」「白黒思考」といいます。

また完璧主義の人は努力家が多いんです。だからどんなダイエット法でもきちんと続けてしまいます。たとえばジョギングにハマるとガリガリになるまで走ってしまったり、胸だけ落ちているのに気づかないことさえある。だから**完璧主義になりすぎないで。そのほうが挫折知らずで、下腹期を迎えられますよ。**

麻衣　よかった！　私〝完璧主義〟どころか、ユルユルの〝ズボラ至上主義〟です！

食事系ダイエットでは下腹は凹まないワケ

先生　麻衣さん、これからいよいよ本質的な話をしていきますね。ちょっと専門的に聞こえるかもしれませんが、ついてきてください。**そして多くのダイエット法に、あえて〝ダメだし〟**していきますけれど、驚かないでくださいね。決して、やみくもにディスりたいわけじゃありません。あくまで「胸は落とさずに下腹ペタンコ」という理念をかかげた場合。残念ながら、あらゆるダイエット法があっという間に消えていってしまうんです。

まず「食事を減らすダイエット」について考えてみますね。大昔からスタンダードなダイエット法です。たしかに理論だけで考えると、「摂取カロリー」を「消費カロリー」より減らせば「やせる」ことになります。運動をさほどおこなわない、としても……。「食べる量を単に減らせば、体重が落ちていく」という大原則は、頭ではなんとなく理解できるでしょ。

でもそんな生活をずっと続けられる人が、世の中にいったい何人いるでしょうか。

禁欲的に食事量を減らす。そんな〝苦行タイプ〟のダイエット法には、早期の「挫折」、そして激しいリバウンドがつきものです。また**食べる量を単に減らすだけだと、脂肪ではなく筋肉が落ちてしまい、健康面から見ても好ましくありません。**

ここまでがよくいわれる一般論です。さらにお腹に焦点を当てて考えてみます。

「食事を減らすダイエット」では、下腹はなかなかやせないんです。その理由は簡単です。食事を減らしても「内臓下垂」が起こっていたら、物理的に臓器のふくらみが解消しないわけですから、下腹ポコリは存在し続けることになるわけです。

「食事を減らす」より、「内臓下垂」を改善したほうが、下腹はやせます。

こう断言できるほどです。これって当たり前の道理ですよね。

麻衣　はい。下腹ポコリにとっては「食べる量」より内臓下垂のほうが問題、というのはよくわかります。内臓が出ていたんじゃ、いくら食べるのを制限したってやせるわけないですものね。ところで、内臓下垂っていったいどうすれば解消できるんですか？

先生　**内臓下垂の原因は①に運動不足、②に悪い姿勢、③に骨盤のゆがみ**です。とくに、骨盤のゆがみを治せば内臓下垂なんて改善、解消されていきます。

麻衣　ああ、骨盤のゆがみなんですか。

先生　そうです、ここから骨盤トークをはじめますね。下腹ペタンコと切っても切り離せない骨盤のこと、しっかり見ていきましょう。これから「骨盤とはどんな骨か」「男女で骨盤に差はあるのか」「骨盤のゆがみ方」などについて説明します。

骨盤を知り、ゆがみを治すことが、脱・下腹ポコリの早道なんです。

そもそも「骨盤」ってどんな骨？

正常な骨盤は、ハート型をしています。骨盤がゆがむと、前後左右にねじれたり、開きすぎたりします。そのゆがみは全身に伝わり、全身のゆがみや不調につながることもあります。

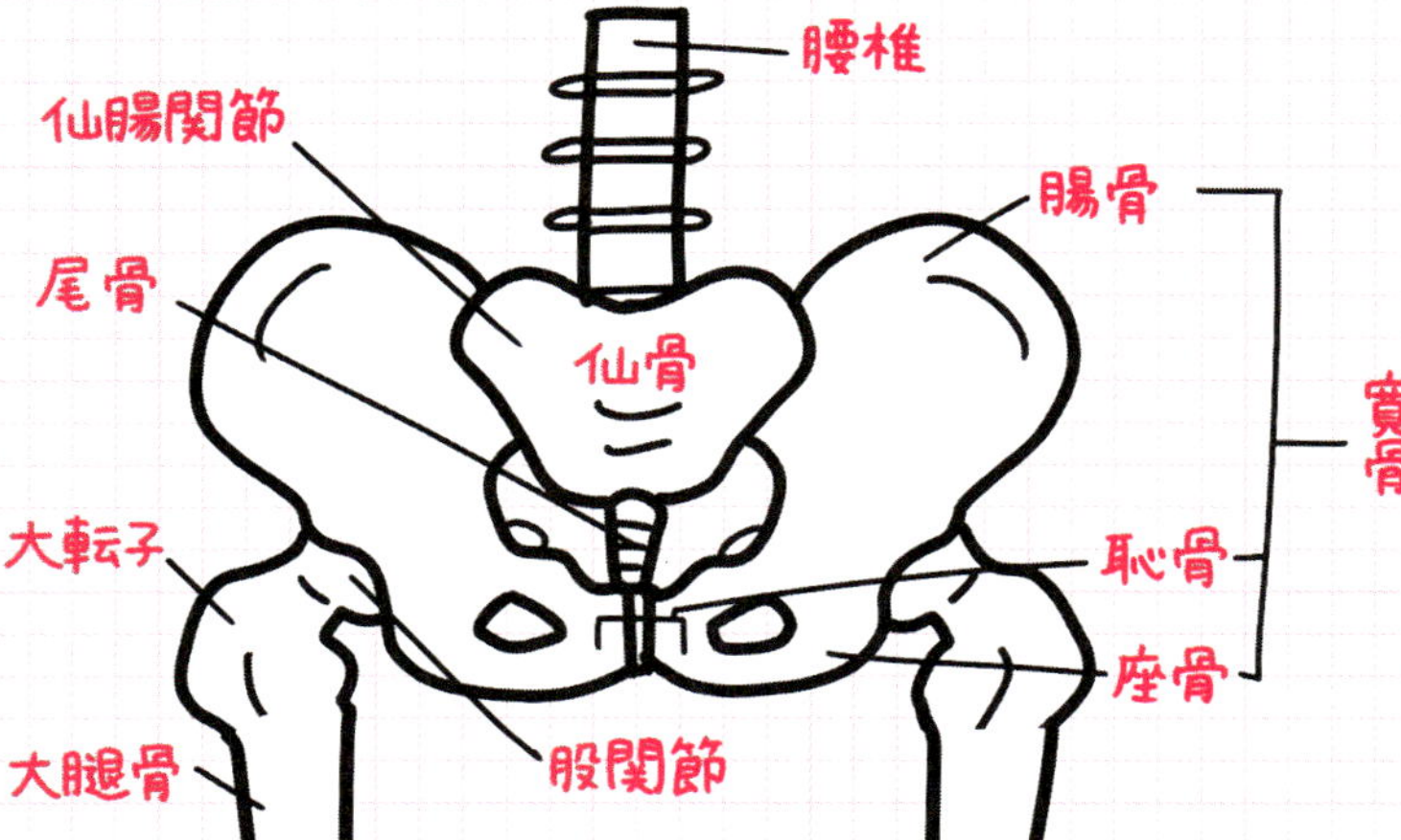

女性の骨盤は、男性よりゆがみやすい

女性の場合、妊娠・出産をする可能性があるため、骨盤がもともと幅広にできており、開きやすくなっています。うらを返すと「女性の骨盤のほうが、男性の骨盤よりゆがみやすい」と言えます。

女性の骨盤のほうが……

① 横幅が広いため、腰幅が出やすくなる

② 股関節のかみ合わせが浅いため、骨盤のゆがみが脚に悪影響を与えやすい

③ 赤ちゃんを産むときの「産道」にもなるため、内臓を収めるスペース「骨盤腔《こつばんくう》」が広い

「骨盤」は、あらゆる方向にゆがみます

体の中心で、上半身と下半身をつないでくれている「骨盤」。その作りはびっくりするくらいシンプルです。合計3つの骨によってできていますが（70ページ）、その周りは筋肉と人体の力で支えられているだけ。だから「不安定」「ゆがみやすい」とも言えます。
もちろん「ゆがむ」といっても「ひと目見てスグにわかる」というレベルのお話ではありません（左ページのイラストでは理解しやすいように、少しオーバー気味に描いてご説明しています）。「ゆがみ」を数値で表すと、じつは「1㎜以下」、どれだけ大きくても「1㎝」程度とされています。「とるに足りない話でしょ」と片づけたいところですね。でもそのささいな「ゆがみ」こそ、多くのトラブルの原因であることが多いのです。

骨盤は、四方八方にゆがみます。とは言え「サイアクだ～‼」なんて悲観しなくても大丈夫。「骨盤がゆがんでいない人」のほうが珍しいのですから。たいせつなのは「骨盤＝ゆがみやすい」という事実を受け入れること。ゆがみ方も知っておきましょう。

① 左右に開く

お尻の形が自然と四角くなり、
O脚を招く危険性大！

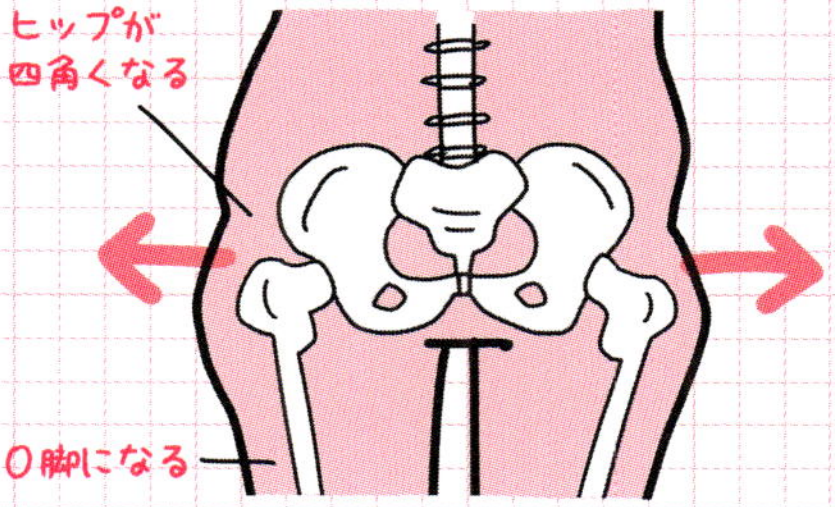

② 上下や前後にずれる

太ももが太くなったり、ウエストの
位置が左右で異なることも！

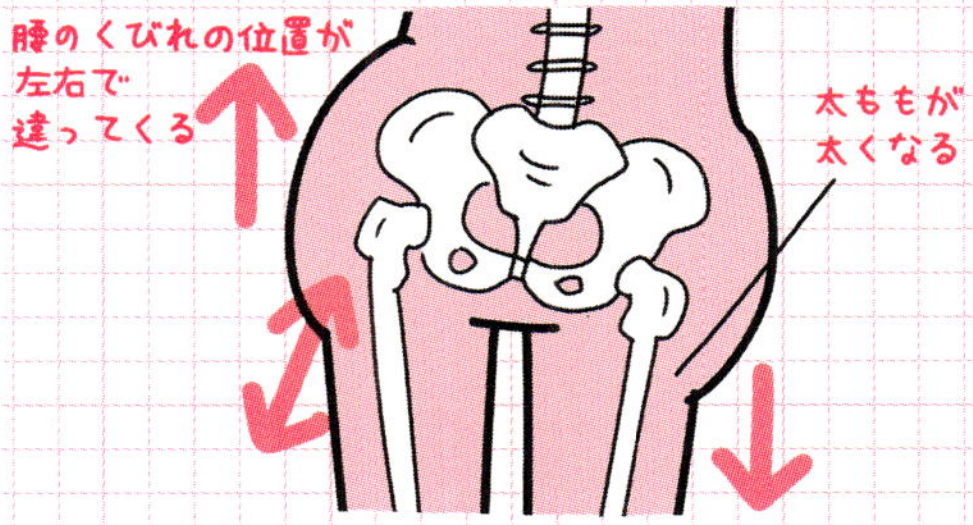

③ うしろに反る

「出っ尻」「下腹ポコリ」「猫背」など、
悪影響がいっぱい！

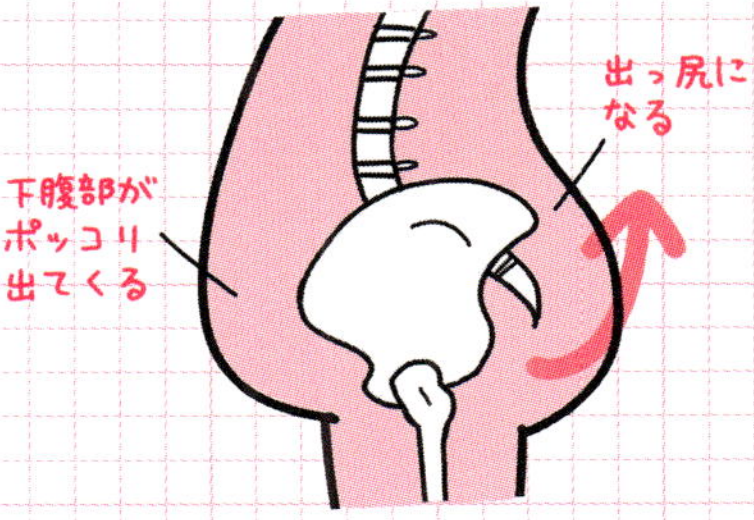

骨盤のゆがみは、なぜいけないの？

Q. 骨盤がゆがむ理由とは？

A. 日常生活すべてにリスクがひそみます

妊娠や出産とは関係なく、ふつうの生活の中でも骨盤はゆがみます。たとえば……

- 運動不足
- 睡眠不足
- 大きなストレス
- 同じ姿勢を続けること（立ちっぱなし、座りっぱなし）
- サイズが微妙に合っていない靴
- 年間を通しての空調（エアコン）
- 重い荷物を持つこと
- 硬いアスファルトの上を歩くこと　　など……

不自然な姿勢や動作、体に極端な負荷をかけること、ムリをしすぎること。ぜ〜んぶ、ゆがみの原因です！

Q. 骨盤がゆがむとなぜいけないの？

A. 知らないうちに全身に悪影響を及ぼすから

骨盤のゆがみがおそろしいのは、それが見た目ではわかりづらく、全身への悪影響にも気づきにくいということ。たとえば「代謝が低下して太りやすくなっていること」「老廃物が排出されずむくんでいること」「血液のめぐりが悪化して冷え性が起こっていること」などなど……。問題は「ゆがんだ骨盤のせいで、お腹が出てカッコ悪い」というだけじゃ、ないのです。

Q. 骨盤のゆがみ、自己チェックできる？

A. 3つの問いで、簡単にできますよ！

「私の骨盤って、どの程度ヤバい？」と気になったら、ぜひつぎのセルフチェックをしてみてください。ひとつでも当てはまった場合は、早急な改善が必要です。

①「姿勢が悪い」「猫背を直したら？」「胸を張りなさい」など、姿勢にまつわる注意を受けることがある。

②「歩き方がおかしい」「姿勢よく歩きなさい」など、周囲の人から歩き方について指摘をされることがある。

③「O脚だ」という自覚がある、もしくは人からそのように言われたことがある。

④よく履く靴の底を見ると、特別な傷み方や、左右対称ではない減り方をしている。

筋トレ系は二の腕が太くなり、ヨガは女性らしい丸みが消える!?

麻衣　先生のおかげで、骨盤についてとってもよくわかりました！

先生　骨盤は本当に奥の深い世界なんです。なのに、さまざまなダイエット法は骨盤をスルーしています。残念ですよね。

では、つぎは「筋トレ系」のダイエット法を見ていきますね。

「筋トレ」、つまり筋力トレーニングをおこなうときに「やりすぎるとボディビルダーのようなムキムキボディになっちゃう」というのは、予想しやすいものですよね。

「筋肉がつきすぎるのはちょっと……」という方にはおすすめしにくいダイエット法です。スクワットも同じ。太ももが明らかにムキムキと〝立派〟になります。

麻衣　たしかに！

先生　加圧トレーニングやスクワットって、だれでも「筋トレだな」ってわかるから、まだいいんです。警戒してほしいのは**「隠れ筋トレ」**なんです。

麻衣　ん？　隠れ筋トレってなんですか？

先生　パッと見「筋トレ」とはわかりにくいダイエット法のことです。その代表が「エアロビクス」です。**エアロビのインストラクターさんって、下半身が筋肉でガッチリしていて、ペタンコ胸の方が多い**んです。

麻衣　ああ、たしかにガッチリしている人が多い気がしますね。エアロビって有酸素運動だとばかり思っていました。筋トレなんですか。

先生　エアロビは有酸素運動であることは間違いないんです。とってもハードですよね。でも、体を鍛える筋トレにもなっているということを知っておくべきです。

筋トレ系ダイエットは、「下腹問題」を解決する以前に**「ほっそり手足からかけ離れていく」**ということを忘れないでくださいね。

麻衣　先生、ちなみにヨガはどうですか？

先生　２０１５年、私はハワイに〝ヨガ留学〟をしたことがあります。英語でおこなわれるクラスも、はじめて触れるヨガの動きも、未知で新鮮な世界でした。２週間ものあいだ、毎日１～２本、ヨガのクラスを受講していたんです。

麻衣　ええーっ。それはお仕事としてですか？

先生　いえいえ。プライベートでいろいろありましてね。「自分を解放したい」と思って挑戦しました。ヨガで体に働きかけることによって、心も解放できるんじゃないか。そんなことを考えていたんです。

ひたすら「解放、解放」と願って続けました。

ヨガって「スロー」「リラックス」、そんなイメージが強いですよね。でも実際は、かなり体に負荷がかかります。強度の高い「パワーヨガ」はとくにそう。終わってからの筋肉の痛みと疲労感といったら！　よく考えたら、**ヨガって立派な筋トレです。**だからいい先生につかないと、**筋肉が変なところについたり、ボディラインが崩れたり、女性らしい丸みが消えてしまったりすることがあります。**

麻衣　「ヨガ＝おしゃれ女子」ってイメージだけで選んじゃダメですね。なるほど！

もう一度言います！
目指すのは
女性らしい丸みのある
メリハリボディ

先生　たいせつなことは、**「胸を落とさない」「お腹だけやせる」、このふたつをいっぺんにかなえること。**「お腹がやせるなら、少しくらい胸が小さくなってもいい」、そんなふうにヘンな妥協はしないでくださいね！

麻衣　はい。先生のお話をうかがっていたら「下腹ペタンコ」になるための道が、なんとなく見えてきました。骨盤をピンポイントで狙えば、胸を保ったまま下腹がペタンコになるということですよね。骨盤って、まるでスイッチみたいですね。

先生　その通り。**「骨盤のことだけ考えましょう」**と言いきってもいいくらいです。骨盤は体の中心にあるでしょう？　骨盤に働きかけることで、内臓をはじめ、太りがちな下半身、こりかたまりがちな上半身と、体中にいい影響が伝わっていくからです。

麻衣　骨盤に働きかけると効率がいいんですね。この話、世の女性たちに届けたいです。だってみんながんばって、いろんなダイエットに励んでいますもの。でも最後は疲れ果てて「ダイエットなんてやめた」って脱落して、どんどん太っていく……。

それにしても、骨盤の重要性に気づいたMicaco先生ってすごいです。骨盤に注目したエクササイズを開発されたのって、いつ頃でしたか？

先生　息子たちが幼稚園の頃です。当時の夫は問題がある人でね。もう時効だからお話ししますが、女性の影が絶えなかったんですよ。「彼の浮気で家庭は崩壊する」、そんな予感がありました。でも可愛《かわい》い息子たちを抱えて路頭に迷うわけにはいかない。「これから一流の仕事をして身を立てよう」、そう決意していたんです。

麻衣　ええーっ！　離婚を覚悟しながら結婚生活を送られていたんですか？

先生　そうです。でも夫に依存したり執着したりするのではなく、新しいエクササイズを開発できたことは、ひとつの幸せだったと思っています。**だって数千人の産後の生徒さんたちに「胸は落とさずに下腹ペタンコ」という結果を出してもらえた。**そのうえ多くの感謝までいただきましたから。

麻衣　数千人の生徒さんたちって、すごい話ですね。くわしく聞かせていただいてもいいですか？

先生　もちろん！　10年経った今でも、ハッキリと覚えていますよ。

エクササイズを開発したあと、私はそれを産後のママさんたちを中心に、多くの女性たちにお伝えしたいと思ったんです。そこで地域の施設を週に数回お借りして「教室」として運営をはじめたんです。

私のエクササイズの特徴は「だれでもいつでも畳1畳分のスペースで、普段着でできること」、「すぐ終わること」（笑）。そして「やればかならず、大きな結果が出る」ということ。つまり「費用対効果」「時間対効果」が大きいんです。よく「先生のトレーニング法はコスパがいい」なんて言われますけど、その通り。そんな長所が口コミで広がり、あっという間に300人、400人と生徒さんたちが集まってきてくださったんです。ツイッターも普及していない頃、LINEなんてまだない頃に、地元を中心に私のエクササイズが爆発的に広まったんです。それって、おもしろい現象ですよね～。

麻衣　先生のエクササイズが「純粋に優れている」っていう証拠じゃないですか！

先生　実際に指導をしていると、生徒さんたちのボディラインが変わってくるのがよくわかるんです。薄着でエクササイズをしているでしょう？　それに体が変わりはじめた人って、表情まで明るくなる。目もキラキラして、お洋服も明るい色のものが増えたりして。女性同士ってそういう変化をすぐキャッチできる。「人は、体を少し変えるだけで、気持ちや生き方まで変えられる」、素直にそう実感できました。

「私は今、この生徒さんの人生の大きな転換点に立ち会っている……！」

そう思うと、震えるような感動に包まれることもありましたよ。

今では教室に通ってきてくださる生徒さんが常時千人以上になりました。優秀なインストラクターさんの養成に力を入れて、エクササイズを一緒に広めていただいています。

女性って、結婚や出産などのライフイベントで、暮らしが大きく変わるでしょ。「育児が終わったと思いきや、親の介護がはじまった」なんて話もよく見聞きします。つまり、不規則な周りの人たちに合わせなきゃいけないことが、すっごく多い。自分ひとりの時間なんて、もはや〝贅沢品〟。だからこそ時間や場所に左右されない、私のエクササイズを一度身につけちゃってほしい。一生役立ててもらえるはずですから。

人はだれだって裏切ることがあるんです。私だって、裏切ってしまったことはありますから強くは言えません。でも、自分がおこなったエクササイズは裏切らない。時間がかかることはあっても、かならずあとで報いてくれる。形となって現れてくれる。そう思うと、努力がとても楽しくなるんです。次回から、エクササイズを一緒にやっていきましょうね。そして女性らしい丸みのあるボディラインを作っていきましょう。

麻衣　はい！　よろしくお願いします！

第3章

1日5分！　下腹ペタンコ・エクササイズ

劣等感を感じるかどうかは、
自分自身の問題よ。
（元ファーストレディ　エレノア・ルーズベルト）

胸を落とさず下腹を凹《へこ》ますための4つの絶対条件とは

――それから3日後。Ｍｉｃａｃｏ先生に3回目のお話を聞かせていただきました。今日からエクササイズを実際に学べるんです。「今までの復習として、つぎの4つを意識してほしい」、Ｍｉｃａｃｏ先生はそう前置きしてお話をはじめました。

先生　**その1、胸をなるべく揺らさないこと。**バストは激しく揺らすと脂肪が燃焼して、小さくなってしまいます。また、バストをつなぎとめている「クーパー靭帯《じんたい》」という繊細な組織が、伸びたり切れたりしてしまうので、危険です！

その2、お腹《なか》にピンポイントで効かせること。

その3、内臓下垂をゲキタイすること。内臓下垂とは胃の周りのほとんどの臓器が骨盤のなかに入ってしまい、骨盤内が大渋滞になっている状態のことです。もちろん骨盤は開いたり、ゆがんだりしたまま。するとウエストは肥大化するばかりです。

その4、「骨盤後傾」を正すこと。骨盤のゆがみのなかでも多いのが、骨盤が後ろに傾く「骨盤後傾」です。骨盤後傾の場合、ももの裏の筋肉「ハムストリング」や「大臀筋《だいでんきん》」というお尻の筋肉が硬くなったり、猫背になったりするなど、デメリットばかりです。

胸を落とさず、下腹を凹ます4つの絶対条件！

その1　胸を揺らさない！

胸を揺らすと、胸の脂肪が燃えて、しぼんでしまう。

その2　お腹にピンポイントで効かせる！

ほかの部位に比べて、お腹がやせはじめるのは最後。
だからこそ、お腹にピンポイントで効くエクササイズが必要！

その3　内臓下垂をゲキタイする！

▼内臓が落ちたままでは、
いくらダイエットしてもポコリはなくならない！

その4　「骨盤後傾」を正す！

▼骨盤が後ろに倒れていると、
お腹はもちろん、お尻も大きくなる！

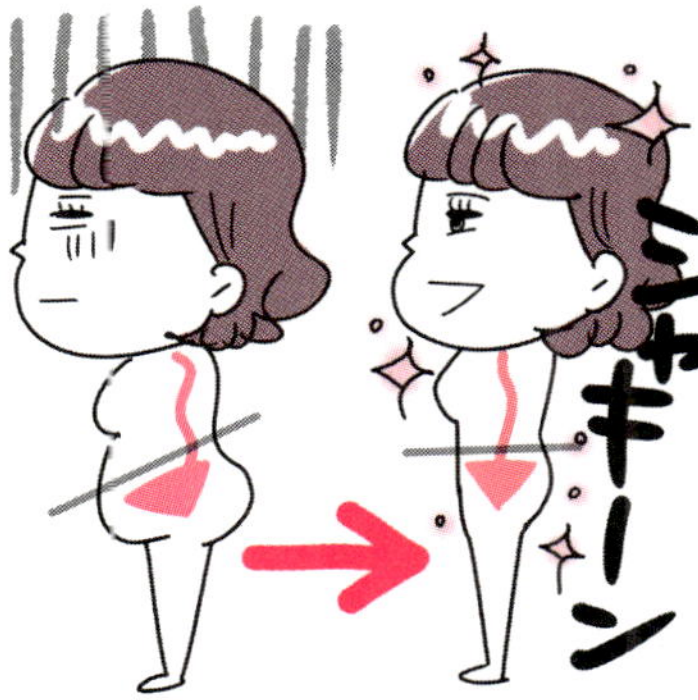

有酸素運動と筋トレの
おいしいところを
ミックスした方法を開発！

麻衣　先生、前回は、「私のエクササイズは、有酸素運動と筋トレの〝いいとこどり〟」というお話を聞きました。もう少しくわしく説明をお願いできませんか？

先生　「有酸素運動」は、心拍数を上げて血液を流す運動のことです。「筋トレ」は筋肉を鍛えるトレーニングのこと。このふたつは異なる性質をもちます。その〝いいとこどり〟を実現させたのが「下腹ペタンコ・エクササイズ」なんです。

有酸素運動は今まで「20分以上やるのがよい」とされていましたよね。「脂肪を脂肪酸に分解するまでに20分、それを流すためにさらに20分以上かかるから」という理由です。一方、筋トレは短い時間でも脂肪を脂肪酸に変えられます。ただし筋トレだけやっても、脂肪が脂肪酸に分解されるだけで流れていかない。高いダイエット効果をめざすなら有酸素運動と同時に筋トレも必要なんです。**でもね、忙しいなか「筋トレと有酸素運動を両方やる」なんてムリでしょ。**

そこで**「短時間でできる、筋トレと有酸素運動のふたつの要素を兼ね備えた運動があればいい」**、そう思って開発したのがこのエクササイズです。しかも先にお伝えした「胸を落とさず下腹を凹ますための4つの絶対条件」を完全にクリアしてるんですよ。

麻衣　わー、すごい！　いよいよその全貌が明らかになりますね！

実践者の
みなさんの
記録&ご感想

Ｍｉｃａｃｏ先生の生徒さんたちはみな、４週間のエクササイズ習慣のあと、めざましい成果をあげられています。「腰骨の回りが10cm近く細くなった人も、たくさんいるんですよ！」とＭｉｃａｃｏ先生。増殖中の下腹ペタンコ美人、そのごく一部のデータを公開します。

（※掲載には実践者ご本人の了解を得ています）

Aさん（48歳）	
体重	61.6kg → 60.6kg　1kg減！
おへその5cm上	78.5cm→ 73.5cm　**5cm減！**
腰骨の回り	94.0cm→ 84.0cm　**10cm減！**

ペタンコ・エクササイズを終えて

「5分あればできるエクササイズだったので、毎日続けられました。この結果にはびっくりです。肌荒れもしなくなった感じで、体調もよいです。どちらかというと下痢しやすい体質ですが、この4週間はそれもほぼなくとても快調でした」

Bさん（37歳）	
体重	56.5kg→ 53.3kg　3.2kg減！
おへその5cm上	84cm→ 78cm　**6cm減！**
腰骨の回り	94cm→ 88cm　**6cm減！**

Cさん（31歳）	
体重	50kg→46kg　4kg減！
おへその5cm上	70cm→65cm　**5cm減！**
腰骨の回り	88cm→81cm　**7cm減！**

Dさん（46歳）	
体重	53kg→51.5kg　1.5kg減！
おへその5cm上	77cm→70.5cm　**6.5cm減！**
腰骨の回り	92cm→83cm　**9cm減！**

ペタンコ・エクササイズを終えて

「お腹ポッコリしていたのがとっても凹みました。胃下垂が上がってきたのかも。もうすぐ子どもの卒業式でスーツを着なければならないので助かりました。エクササイズの習慣は続けたいです」

Eさん（56歳）	
体重	46kg→45kg　1kg減！
おへその5cm上	72cm→67.5cm　**4.5cm減！**
腰骨の回り	91.5cm→84.5cm　**7cm減！**

ペタンコ・エクササイズを終えて

「エクササイズは軽くて苦にならず続けられました。思いがけず成果が出て、驚きました！」

Fさん（41歳）	
体重	56.1kg→55kg　1.1kg減！
おへその5cm上	78cm→73cm　**5cm減！**
腰骨の回り	88cm→88cm　変化なし

こんな声も！

Gさん（51歳）

「『ドローイン』（108ページ参照）は気づいたときに試みることができました（電車移動中など）。よい姿勢につながったように思います」

下腹ペタンコ・エクササイズいよいよスタートです！

準備について

▼どのエクササイズも、**畳1畳程度の広さがあればどこでもおこなえます。**下にヨガマットを敷いていただくとよいですが、なくても大丈夫です。

▼エクササイズの際に、特別なウェアに着替える必要はありません。ただ体を締めつける服装は、骨盤をはじめ体の各所に余計な圧力がかかることがあります。Tシャツやタンクトップ、スウェットの上下などを選ぶとよいでしょう。

▼エクササイズをおこなうときは、頭と心を空っぽにすることがおすすめです。悩みごとや心配ごとがあると、体を動かすことに集中しにくくなってしまいます。エクササイズを楽しむようにしていきましょう。

ご注意！

▼その日の体調や体力に合わせて、ムリのない範囲でおこないましょう。
▼満腹時、空腹時、睡眠不足の状態でおこなうのはさけましょう。
▼エクササイズ中に気分が悪くなったり異変を感じたりしたら、ただちに中止してください。
▼持病がある方、妊娠中の方（その可能性がある人）は、主治医に相談のうえおこなってください。

エクササイズに適した時間とは？

4つで合計5分のプログラム。朝食前にできれば、蓄積した脂肪をすぐに燃やせるので理想的です。それが難しければ夜ご飯の前。それもムリなら夜ご飯から3時間後に取り組みましょう。**就寝直前におこなうと入眠しにくくなるので注意してください。**

有酸素運動と
筋トレの
いいとこどり

1 お尻歩き

計80歩お尻で歩く……
といっても移動距離は短い！

効果

- ▶くびれができる
- ▶下腹が凹む
- ▶腕が細くなる
- ▶骨盤のゆがみが矯正される
- ▶心拍数が上がる

で下腹が凹む
エクササイズ

有酸素運動と
筋トレの
いいとこどり

2 空中自転車こぎ

内臓下垂に直接働きかける

効果

- ▶内臓下垂の解消
- ▶下腹が凹む
- ▶代謝が上がりやせ体質に
- ▶大《だい》腰《よう》筋《きん》を鍛えられる
- ▶心拍数が上がる
- ▶便秘の解消

3 ドローイン

呼吸法系エクササイズ

「お腹が凹みすぎて全ズボン買い換え」
とうれしい悲鳴続出！

効果
- ▶ウエストが細くなる
- ▶下腹が凹む
- ▶内臓を定位置でキープする
- ▶横隔膜を刺激する
- ▶腰痛の解消

4週間
4つの

4 ペットボトルつぶし

股でボトルをつぶすほど、
骨盤は整い脚はキレイに

骨盤調整エクササイズ

効果
- ▶下腹が凹む
- ▶ヒップアップ
- ▶お腹から腰のラインがスリムに
- ▶O脚・X脚の解消
- ▶美脚になる
- ▶下半身全体がスリムになる
- ▶尿漏れの解消

注：いずれの体操も、痛みを感じたり、気分が悪くなったりする場合は、けっして無理をしないでください。

INFERIOR BELLY
FOUR
EXERCISE

1 お尻歩き

やってみると意外にキツイ！
最初はなかなか進まないかも⁉

1 腕を振りながら「前」に20歩

両脚を伸ばして座り、腕を振りながら、お尻で歩くようにして前へ。持ち上げたお尻とは反対側の腕のひじを内側に入れるようにする。

2 腕を振りながら「後ろ」に20歩

前に20歩進んだら、今度は後ろに20歩。前進のときと同様に、腕を大きく振りながらバックしていく。

3 腕を組みながら「前」に20歩

次に写真のように両腕を組み、上体を左右にひねりながら前に。右、左、と上げたお尻の側に体をひねる。腕を振るときよりも、お尻の力だけで進むので、より負荷がかかる。

4 腕を組みながら「後ろ」に20歩

前に20歩進んだら、今度は後ろに20歩。前進のときと同様に、右、左と上体をひねりながらバックする。1日1セットでOK。

腕を振るときは…

ふむ
ふむ
ココが
POINT

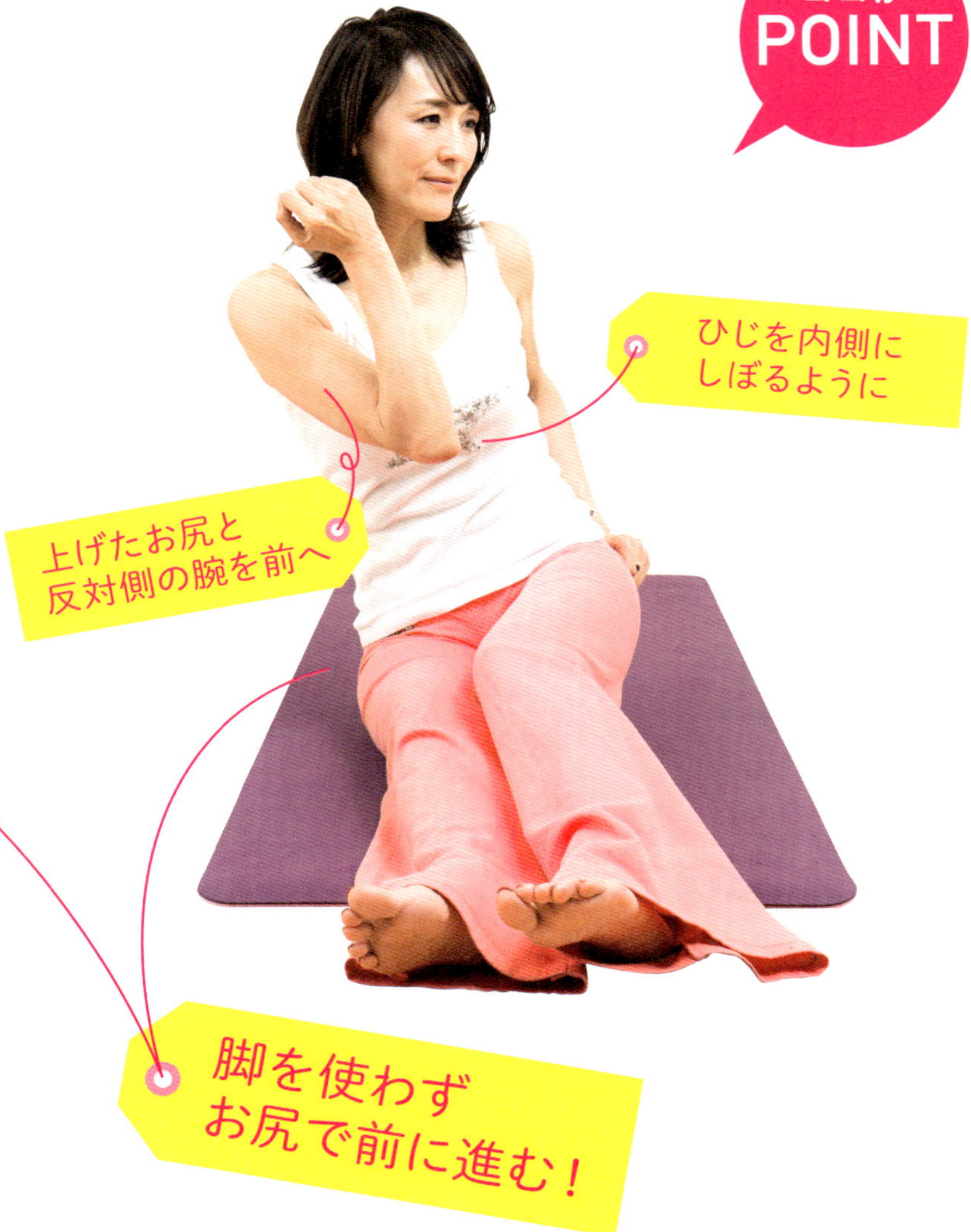
ひじを内側に
しぼるように
上げたお尻と
反対側の腕を前へ
脚を使わず
お尻で前に進む！

腕組みのときは…

2 空中自転車こぎ

下がった内臓を元にもどす
とっておきのエクササイズ

1 仰《あお》向けになって、両ひざを立てる。

↓

2 腰を手で支えながら、
脚を天に向けるように上げ、
下腹に軽く力を入れて、
空中で自転車をこぐように
脚を 50 回回す。
1日1セットで OK。

ふむ ふむ
ココが
POINT
両脚の間隔が
離れないように！
×
「お尻から上」を
きちんと上げること！
苦しくても
呼吸を止めない！

できない人はこれでもOK!

お尻と脚が思うように上がらない、という人は壁をつかったエクササイズがおすすめ。「空中自転車こぎ」と同じように、内臓下垂を改善する効果が期待できます。

1 壁にお尻と足の裏をつけて両ひざを立て、脚で壁をかけ上がるようにしてお尻をぐっと浮かせる。

2　1の姿勢からお尻を右、左と交互に50回揺らす。
1日1セットでOK。

3 ドローイン

「空中自転車こぎ」で持ち上がった
内臓の位置を固定する。そんな大役を
になうエクササイズ！

1 仰向けに寝て、脚を骨盤の幅くらいに広げ、ひざを立ててリラックスする。

2 鼻から、息を大きくゆっくりと吸い込みながら、お腹を凹ませて2秒間静止する。

3 お腹を凹ませたまま、口から息を大きくゆっくり吐きながら、さらにお腹を凹ませて5秒間静止する。2と3を4セットくり返す。

ココがPOINT

胸式ではなく、
腹式の呼吸をすること！

立った姿勢でおこなっても同等の効果あり。
家事や育児、外出中、いつでもどこでも
「ながら」でできる。

4 ペットボトルつぶし

骨盤のゆがみが一気に治る最強のエクササイズ！

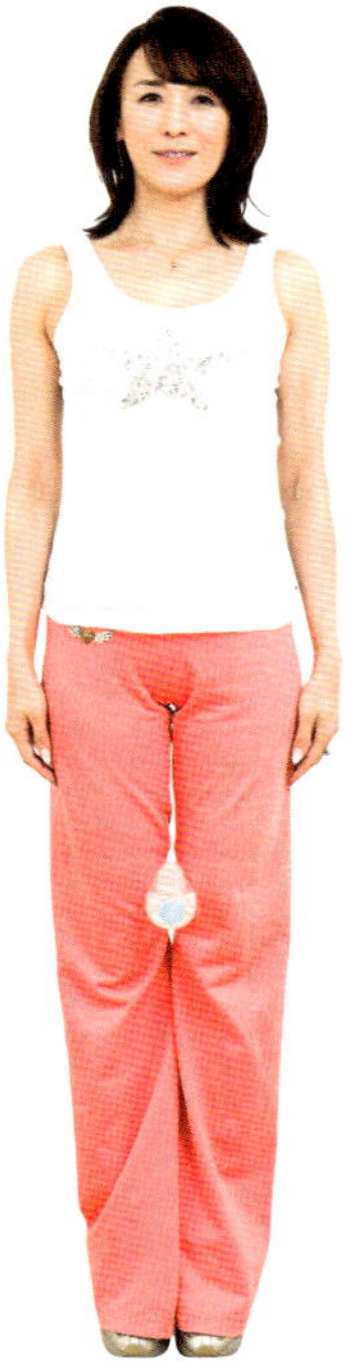

1

つま先を閉じ、「かかと」「お尻」「肩甲骨」「後頭部」の4点が一直線になるように立ち、両ひざの少し上あたりで、水を半分ほど入れた使用済みペットボトル(500ml サイズ)をはさむ。お腹とお尻にキュッと力を入れる。

↓

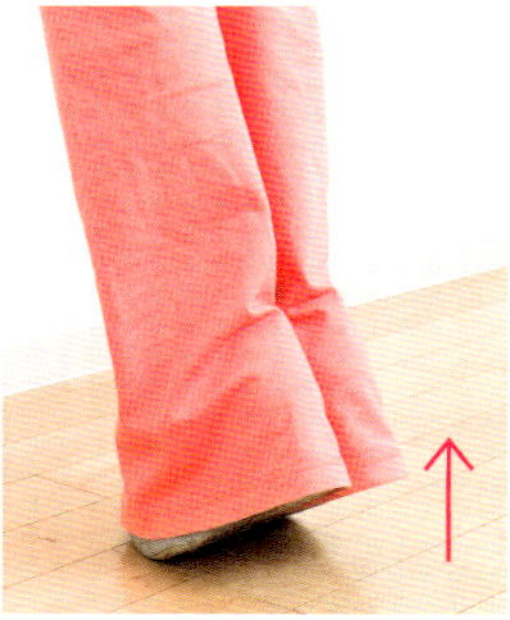

2

かかとを10回上げ下げする。

3

10回目にかかとを上げたとき、
その状態で10秒間静止する。
1日1セットでOK。

POINT

かかとを上げる瞬間に、前ひざを外側に開くようにして、ペットボトルの後ろ半分をつぶすつもりで力を込める！

健康にもすごくいいんです

麻衣　この下腹ペタンコ・エクササイズで「ペタンコ下腹」や「美脚」がかなうことがよくわかりました。もしかして美容効果以外に、健康効果もあるのでは？

先生　そうなんです、もう効能がたくさんありすぎて……。たとえば、このエクササイズを習慣にしている私やインストラクターたちはみな**「生理痛がなく、月経の期間が短いこと」**がちょっとした〝誇り〟です。私は毎月、４日間未満。不健康な人は１週間以上続くことも珍しくないというのに、ありがたいかぎりです。

それから私自身**「更年期」をいまだに自覚したことがありません。**更年期特有のだるさや微熱とは無縁で、また病気ひとつせず、50歳の今までこられました。

ほかに多くの生徒さんたちを見ていて、「このエクササイズの効能がある」と思われる病気や症状を挙げておきます。

- 冷え症（運動により基礎代謝が上がるので）
- 肩こり、四十肩、五十肩（「お尻歩き」で骨盤が矯正されるので）
- 腰痛（「お尻歩き」で骨盤が矯正されるので）

・生理痛（「お尻歩き」で骨盤が矯正されるので）
・便秘（「お尻歩き」で骨盤が矯正されるので）
・肌荒れ（便秘が解消されるので）
・O脚・X脚（「ペットボトルつぶし」の効能）
・自律神経失調症（「お尻歩き」で骨盤や背骨が矯正され、自律神経も整うので）
・ストレスの緩和（「お尻歩き」で骨盤や背骨が矯正され、自律神経も整うので）
・不眠（「お尻歩き」で骨盤や背骨が矯正され、自律神経も整うので）
・認知症（「お尻歩き」で脳を刺激するので）
・頻尿（「ペットボトルつぶし」が、骨盤底筋群を締めてくれるので）
・尿漏れ（「ペットボトルつぶし」が、骨盤底筋群を締めてくれるので）
・内臓下垂の改善（「空中自転車こぎ」で胃下垂などが解消されるので）
・骨粗《こつそ》鬆症《しょうしょう》（「お尻歩き」や「ドローイン」で骨に刺激を与え、カルシウムが増えるので）
・疲労（骨盤が整うことにより、安眠できるので）
・不妊（骨盤が整うので。実例多数あり。最高齢は45歳女性の自然妊娠）
・更年期の不定《ふてい》愁訴《しゅうそ》の諸症状の改善、解消（「お尻歩き」で骨盤が矯正されるので）

麻衣　エクササイズで「下腹ペタンコ」どころか「更年期レスな人生（更年期のない人生）」まで手に入るってことですか？　うらやましすぎて、まじリスペクトです！

先生　「更年期レス」で過ごせたのは「エクササイズを続けていたから」ということではない気がします。もちろん、きっかけはエクササイズ。でも、エクササイズ習慣を、一生続けてほしいわけじゃない。むしろ、普段の姿勢をエクササイズ化するようにおすすめしています。立ち方や座り方を見直して改善したり、無意識レベルで正しい姿勢で過ごせるようになれば、その時間は筋トレタイムになりますよ。

麻衣　それって「つねに、ながら筋トレ」ってことですよね。デスクワークしながら筋トレ、みたいな。ハードル高いなー。いっぺんにひとつのことしかできないですよ。

先生　大丈夫。「やせる姿勢」なんて、単なるクセですから。いったん「やせる姿勢」を体に覚えさせれば、「悪い姿勢」でいることが、逆にしんどくなってくるはず。それに「やせる姿勢」になれば、オマケとして「太りにくい体」までゲットできますよ。

麻衣　姿勢で体質まで変わる。そりゃ生理も軽くなって、更年期もなくなるわけだ！

お腹がやせる「立ち方」

正しく立つメリット

正しい「立ち方」をすると、まず体全体のゆがみが矯正されます。また背中の大きな筋肉「僧帽筋《そうぼうきん》」や、お腹やお尻の筋肉を刺激することができます。体の中心（体幹部）も鍛えられます。その結果、代謝が上がってやせやすい体へと近づき、お腹も凹むというわけです。

お腹がやせる、正しい立ち方

1

部屋の平らな壁に、背中をつけて立つ。つま先は、閉じる。「後頭部」「肩甲骨」「お尻」「かかと」の4点が、しっかり壁につくようにする。（背中と壁の間には、すきまが空いていてもＯＫ）

2

お腹とお尻にキュッと力を入れる。

3

デコルテ（首から胸にかけての部分）を開くことを意識する（左右の肩甲骨を寄せることをイメージすると、デコルテが開きやすくなる）。デコルテを開けば開くほど、胸はアップする。反対に、猫背ぎみになればなるほど、胸は垂れ、小さくなる。

良い例：開いたデコルテ

○

悪い例：閉じたデコルテ

×

POINT 両足の親指、つまり体の「外側」ではなく「内側」に力を入れるように意識をする。重心が体の外側に逃れると下半身がおデブになる！

※この姿勢で1分間立ち続けるだけでも、
下腹ペタンコとバストアップに効く、立派なエクササイズになる。

■長時間立っていても疲れない立ち方がある！

骨盤がきちんと整っている場合、重心がしっかりしているので、長時間立ち続けても疲れません。1分間立ち続けただけで「疲れた！」と感じるのは、骨盤を中心に体がゆがんでいるサインです。

また壁に背中をつけてまっすぐ立っているのに「のけぞっている」と感じる場合、普段の姿勢が前傾ぎみということ。意識的に姿勢を正しましょう。

肩甲骨が閉じすぎて……。「壁につく感覚がわからない」という人も要注意。デスクワークの影響で、肩甲骨が開きにくくなったり、巻き肩（肩が前に巻き込まれている状態）になっているケースは珍しくありません。「肩甲骨を開くこと」を心がけたいものです。

■立ち飲み上手は、骨盤美人

日本人の多くは「骨盤後傾」もしくは「骨盤前傾」。そのため、長く立ち続けることができず、長時間の「立ち飲み」スタイルには向いていないといわれています。

反対に欧米人は大腰筋がもともと太く骨盤がきちんと立ち、重心がしっかりしているので「立ち飲み」に向いているとされます。つまり「ラクラク立ち続けられるかどうか」が、骨盤の調子を知るひとつの指標なのです。

お腹がやせる「座り方」

■正しく座るメリット

座っているときに上体が後ろに倒れるのは、「下腹を甘やかして太らせること」と同じ。どこにも負荷がかかっていないからです。骨盤も一層広がることになり、下半身のおデブ化が進行してしまいます。どんな座り方のときも、「大腰筋を使って骨盤を立てること」をイメージして、お腹に力を入れ、上体をまっすぐ起こした姿勢を保ちましょう。「お腹に力を入れて上体を保つ」、そんな正しい座り方ができれば、その時間は筋トレをしているのと同じになります！

イス

「イス」に座るとき

イスに深く腰かける。背もたれがある場合は、お尻と背中をきちんと背もたれにつけて座る。骨盤を正しく立てて、背骨をしっかり伸ばすことを意識する。

「ソファ」に座るとき

上体を90度に保てるタイプのソファが理想的。背もたれの角度が90度よりも大きく、上体を後ろに大きく倒すタイプの場合は要注意。体は「ラク」と感じるかもしれないが、どこにも負荷がかからず、骨盤は一層ゆがみ、お腹やせから遠ざかる。

良い例 ○

良い例 ○

悪い例 ×

悪い例 ×

体育座り

「骨盤ファースト」で考えると、じつは床に座るより、イスやソファに腰かけるのがベスト。床に座る場合は、昔なつかしい「体育座り」がおすすめ。骨盤の中心にある「仙骨《せんこつ》」が立つので、「最高の座り方」になる。いずれも「下腹ペタンコ&骨盤を立てる」ということをイメージする。

良い例

悪い例

正座

「正座」をするときは足の指先を重ねると、骨盤が開いてしまう。正座をするなら指先を重ねず、平行にすること。

また、正座から体勢をくずし、そろえた両脚を一方へ流す「横座り」は、骨盤をゆがめるだけ。同じく、正座から体勢をくずし、両脚をそれぞれ外側へ流す「お嬢さん（お姉さん）座り」も骨盤を広げてしまうのでNG。

良い例

○

悪い例

×

横座り

×

お嬢さん座り

×

「寝るときもブラ」のススメ

○ 良い眠り方

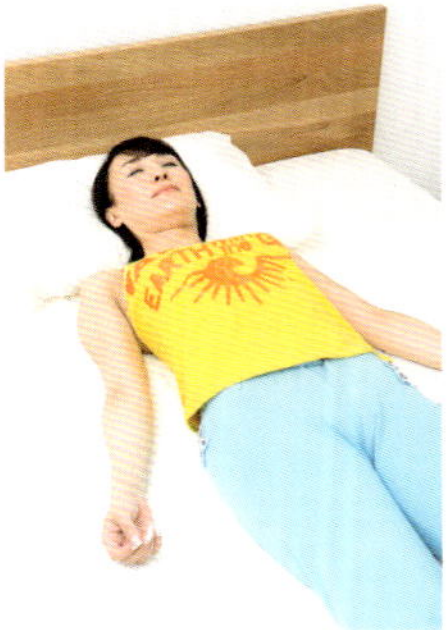

× 悪い眠り方

先生　最後に、「眠り方」にも触れておきますね。理想を言うと「睡眠時間は6～8時間、夜10時までに入眠、入眠の3時間前までには食事を済ませる」。でも、こんな知識は、きっと〝常識〟ですよね。お腹について言うと、**睡眠中も高機能なブラジャーでバストを守り、仰向けで寝るのが理想です。うつ伏せ寝だと骨盤が開くんです。**

麻衣　え！　睡眠中にブラ？　私、日中でさえ人と会わないときはノーブラですけど。

先生　胸は重力に従って落ちますよ！　睡眠時のノーブラのリスクを多くの女性に伝えたい。お腹のためには仰向けで寝るのがいいんです。横向きで寝ると重力で下側にお腹が流れてくびれがなくなってしまうので。でも、仰向けだと「胸肉」が背中側に流れて「背肉」になる。胸を支えている**クーパー靭帯（43ページ）も、垂れていく。**だから眠るときもブラをしてほしいんです。高機能な夜用のナイトブラをネットなどで探してみてください。

麻衣　あー、なるほど。眠るときも重力ケアが必要なわけですね。

先生　そうです。それから**「寝返り」は体が「骨盤を矯正しよう」としているサインです。**骨盤がゆがんでいなければ矯正の必要がないので、寝返りはうたないんです。**私はここ数年、一度も寝返りをうっていませんよ。**仰向けで入眠して、目覚めるまでそのままの姿勢です。

麻衣　先生また衝撃発言です！　私は寝返りうちまくってますが、大丈夫かな……。

4つのエクササイズおさらいだよ！

①お尻歩き

②空中自転車こぎ

③ドローイン

④ペットボトルつぶし

第4章

下腹ペタンコ特製ドリンク&腹パック！

だれもがスターなのよ。
みんな輝く権利を持っている。
（マリリン・モンロー）

おいしくて、気持ちよくて、
おもしろいから続けたくなる

——3回目の取材が終わった日から、私はさっそく下腹ペタンコ・エクササイズをはじめました。そして1週間後。Ｍｉｃａｃｏ先生の4回目の取材の日がやってきました。先生は私に「わからなかったことはありませんか？」とやさしくたずねてくださいました。

麻衣　実際にエクササイズをして、ふだん「私って、ほんとうに体を使ってないんだな」と思い知らされました。「空中自転車こぎ」をしようと思って、上半身を逆さにしただけで、呼吸がなんだか苦しくて……。

先生　あの姿勢は「逆立ち」と同じですから。でも数日たてば慣れたでしょ？

麻衣　はい。4日目くらいから、息も上がらなくなりました！

　あと、ひとつ質問があります。この前教えていただいた姿勢を実践しているんですが、イスに座るときは、脚を組んでよいのでしょうか？　脚を組む女性って多いですよね。60代の母親も「脚は組んだほうがラクなの」って。見てて不安になっちゃいます。

先生　**「脚を組む」のは、無意識のうちに「体が骨盤矯正を試みている」ということ。**だから「積極的に組んだほうがいい」という考え方も存在するんです。それより、エクササイズで根本的に骨盤矯正に取り組むことをおすすめしたいですけどね。

麻衣 じゃあ今度、母と一緒にエクササイズをやってみます。母が、脚を組まなくてもよくなるように。Ｍｉｃａｃｏ先生の本にも、この情報はぜひ載せましょう！

先生 ありがとうございます。多くの女性にお届けしたいですね。今日は私も、はやくお伝えしたいことがあるんですよ。

下腹ペタンコに効く〝秘密兵器〟をお教えします。簡単で、そのうえ「おいしくて、気持ちよくて、おもしろい」から、続けたくなるはず。

麻衣 えっ、「おいしくて、気持ちよくて、おもしろい」？ そんな三拍子そろったイイ話があるんなら、最初に教えていただきたかったです……!!

先生 ご、ごめんなさい。この前はエクササイズをお伝えするのに必死で、忘れちゃってたの。**朝食がわりのドリンクと交互におこなう２種類のパック。そして１種類のブラッシング美容法です。自宅で、数分でできるものばかりですよ。**

麻衣 ドリンク、パック、ブラッシング！ どれも女性が好む美容習慣ですね！ 自宅で数分でできる〝ちっちゃな習慣〟っていいですね！

先生 麻衣さん、そうなんです！ ちっちゃな習慣だから、いいんです。

ちっちゃな習慣を積み重ねていくうちに、下腹なんて自然とペタンコになってますから。

　心理学の世界では**「スモール・ステップの法則」**という考え方があり、**「大きな目標に向かうときこそ、小さなアクションを少しずつ重ねるのがいい」**とされています。「目標が大きいのだから、まとまった時間をとって、多大な努力をしなければ！」と意気込みすぎる姿勢は、かえって逆効果なんですよ。

麻衣　なるほど。先生は、心理学にもおくわしいんですね。お忙しいのに、すごい。

先生　心理学についてもずっと勉強してきたんです。では、実際に作り方を見ていきましょうか。まずは、朝食に置き換えるためのドリンクからです。「ダイエット向けの手の込んだ朝食」なんて作らなくていいんです！

麻衣　やったー、お手軽ドリンク！　はやく教えてください！

毎日、朝食がわりに「飲む」だけで下腹に効く！

スーパー・ペタンコドリンク

効能

◎脳のエネルギー源「ブドウ糖」が豊富な「甘酒」がとれるため、**朝の脳を効率よく動かすことができる！**

◎甘酒は発酵食でもあることから、腸内環境の改善効果が見込まれる。**便秘の改善・解消にも効く！**

◎脂肪の燃焼をうながす「ココナッツオイル」がとれるため、**ダイエット効果が期待できる！**

◎女性にうれしい健康成分いっぱいの「豆乳」がとれる。なかでも必須アミノ酸を含む「大豆たんぱく」「サポニン」などは、**肥満を遠ざけてくれる！**

材料（1食分）

◎**豆乳**
（糖分が添加されていない「成分無調整豆乳」）……60cc

◎**甘酒**
（保存期間の短い大容量の「濃縮タイプ」でなく、1回で飲み切れる量の「ストレートタイプ」「ノンアルコールタイプ」の製品がよい）……120cc

◎**ココナッツオイル**
（「エキストラバージン」が理想的）……大さじ1

※「甘め」が好みなら、豆乳と甘酒を各100ccにしてもOK！

作り方

①甘酒をグラスに注ぐ。

②豆乳を加える。

③ココナッツオイルを加えて、スプーンで5回かきまぜて完成。

①

②

③

保存法

◎気温によってはココナッツオイルが凝固する。一度作ったものはその場で飲み切るのがベスト。

飲み方

◎「毎日、朝食1食分に置き換える」という飲み方がベスト。腹持ちがよいので昼過ぎまで空腹にならない。

注意点

◎豆乳は、糖分が添加されている「調製豆乳」でなく、「成分無調整豆乳」を選ぶこと。（Micaco先生は、つねにオーガニックな豆乳を選び、栄養を考えてプロテイン粉末を加えている）

◎「ココナッツオイルを摂るとお腹の調子が悪くなる」という人も。「大さじ1」でも不調を感じるなら、「小さじ1」など量を減らしてご自分の適正量を決める。

◎ココナッツオイルは気温が低いと、凝固する。瓶入りのものは、スプーンなどで削り取ってよくかきまぜることが必要。瓶ごと湯煎で加熱するとよい。もしくはココナッツオイルのかたまりを入れたグラス全体を電子レンジで加熱すれば、溶ける（※グラスはレンジ対応のものを使用）。

◎「高ＬＤＬコレステロール血症」のような脂質代謝に問題のある人は、中鎖脂肪酸（ココナッツオイルのような油）の摂取に注意が必要。ドリンク習慣をはじめる前に、主治医に相談を。

◎完成したものをレンジで加熱して、温かくして飲んでもおいしい。

週2回塗るだけでお腹《なか》がやせる！

炭酸シュワシュワパック

効能

◎重曹（炭酸水素ナトリウム）とクエン酸を混ぜると、炭酸ガスが発生する。炭酸ガスが毛細血管に浸透し血管を広げるため、血流が改善され、細胞が活性化し、新陳代謝がアップする。その結果、**お腹がやせやすくなる！** エクササイズによるサイズダウンで生じがちな、**お腹のたるみが引き締まる！**

◎たんぱく質を吸着しやすい炭酸ガスの泡が、余分な皮脂など毛穴の汚れを落とす。その結果、**毛穴が小さくなる！**

◎ピーリング効果が高い「重曹」の力で、**余分な角質が取れる！**

■材料（2回分）

◎重曹……大さじ7

◎オリーブオイル……大さじ1

◎水……大さじ3

◎ハチミツ……大さじ1

◎クエン酸…2回分あわせて大さじ4
（パック直前に加える／1回分は大さじ2）

作り方

①重曹にオリーブオイルを入れて、混ぜる。

②水を加えて、ゆっくりと混ぜる。

③ハチミツを加えて、さらに混ぜて完成！

※パック直前に、クエン酸を加える。

保存法

◎ふたつきのガラス瓶などに詰め、高温多湿の場所を避けて常温保存する。

①

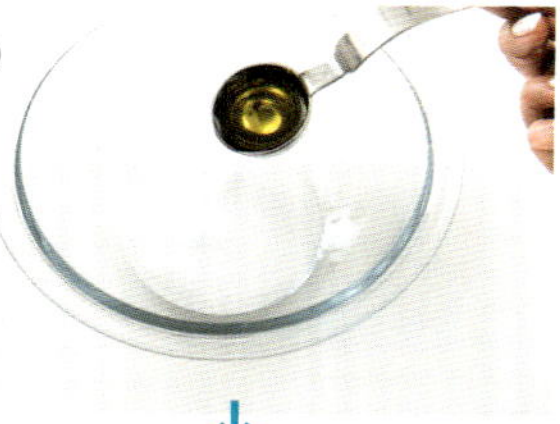

②

③

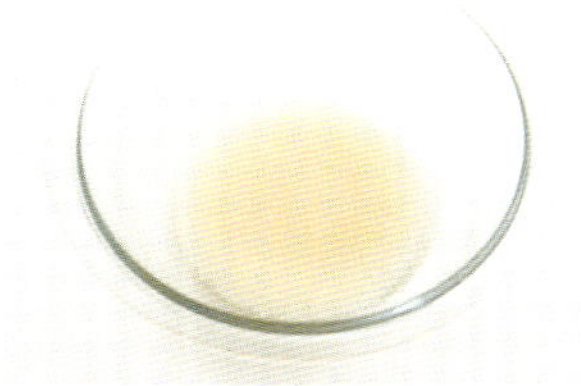

新感覚!!
しゅわわ〜

やり方

①浴室でお腹を出し、パックできる準備をととのえる。

②作ったパック剤の約半分に、大さじ2のクエン酸を加える。重曹とクエン酸の化学反応で炭酸ガスが発生、プチプチ、シュワシュワと音が立ちはじめる。

③素早くお腹に塗って、パックする。そのとき、**左右両方の脇腹から、おへそ（内側）に向かって「お腹の肉をしぼる」イメージでパックをすり込み、お腹の肉をよくもむ。**

④塗ったパックを、そのまま5分間放置する（その間、浴室外で家事をしていてもよい。もしくは浴室で同時並行で髪のトリートメントなどをおこない「5分間放置」すると時間を有効活用できる）。

⑤パックが終了したら、きれいに洗い流してから浴槽に入る。

②

③

注意点

◎パックは週に2回おこなう（つぎに紹介する「角質とりパック」とちがう日を選ぶこと）。

◎重曹を買う場合、「工業用」の製品は避け、「食用」「掃除用」のものを選ぶこと。敏感肌の方なら、「掃除用」より純度の高い「食用」がよい。

◎**クエン酸は酸性のため、塩素系洗剤やアルカリ性洗剤とうっかり混ざらないようにする（毒性の塩素ガスが発生する）。**

◎重曹もクエン酸も、粉末を吸い込まないように扱うこと（呼吸器を傷めたり喘息《ぜんそく》を悪化させたりすることもある）。いずれも目に入ると刺激を感じる。目に入った場合はよく洗い流し、念のため眼科を受診すること。

◎炭酸ガスの力を最大限に活用するため、クエン酸を加えたあとは、すぐに使用する。

◎浴室の床に落ちたパック剤をそのまま放置すると、水を吸収してすべりやすくなるので、使用後はすぐに排水口に流すこと。

◎パック剤は、そのまま排水口に流してよい（**重曹とクエン酸のタッグで、排水管の詰まりが解消する！**）。

◎パック後にあまった分は、お腹以外に使用してよい。ただし使用中や使用後に、発疹や発赤、かゆみ、刺激感が現れた場合は使用を中止し、皮膚科専門医などを受診すること。

週1〜2回、塗るだけでお腹スベスベ！

角質とりパック

■効能

◎塩が発汗作用を高め、新陳代謝をアップさせる。**基礎代謝は上がり、血流はよくなり、お腹がやせる！**

◎塩の「浸透圧効果」のおかげで、**体内の余分な水分や老廃物が体の外に排出されて、お腹が引き締まる！**

◎天然塩に含まれる**「ミネラル分」が、固まった角質を溶かす（角質溶解作用）！**　肌のターンオーバーがうながされ、**美肌になる！**

◎オリーブオイルとハチミツが、**角質除去後の肌を強力に保湿！**　肌たるみの要因となる乾燥を防ぐ！

材料（2か月分）

◎塩……1kg

◎オリーブオイル……150cc

◎ハチミツ……30cc

※塩は、精製されていない無添加のもの、ミネラル豊富な天然塩を選ぶ。なかでも入手しやすく価格もリーズナブルなブランド塩は、「伯方《はかた》の塩」と「赤穂の天塩《あましお》」。

作り方

①塩にオリーブオイルを3回に分けて入れ、ゆっくりと混ぜる。

②ハチミツを回し入れて、さらに混ぜて完成！

（一度作れば、約2か月間もつ）

保存法

◎ふたつきのガラス瓶などに詰め、高温多湿の場所を避けて常温保存する。

使い方

①浴室でお腹を出し、パックできる準備をととのえる。

②パック剤ひとつかみ（大さじ2）をお腹に塗ってよくなじませる。**おへそを中心にぐるぐると円を描くように、約20〜30秒間パック剤をもみ込む。**

③マッサージが終了したら、洗い流してから浴槽に入る。

※もしくは浴槽のなかで洗い流してもよい。パック剤が入浴剤となってくれる。

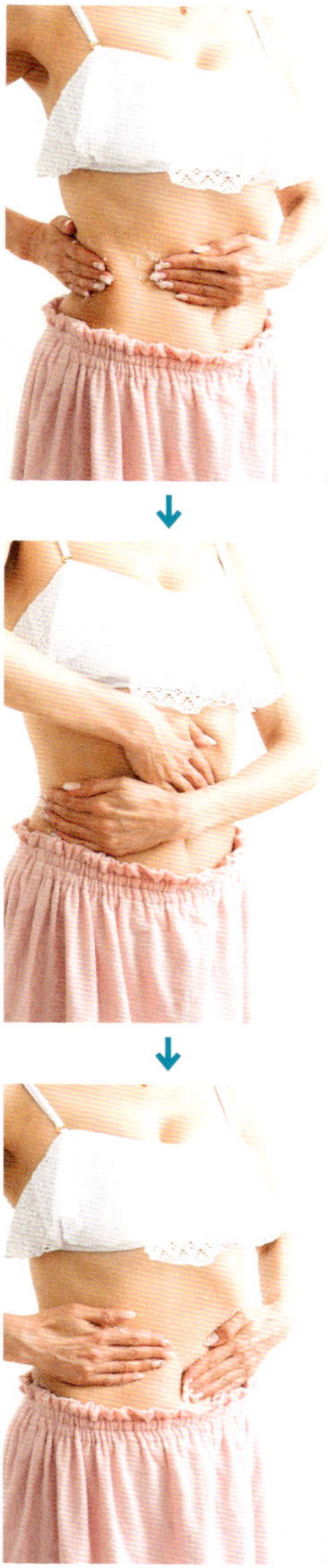

注意点

◎パックは週に1～2回おこなう（前に紹介した「炭酸シュワシュワパック」とちがう日を選ぶこと）。

◎材料をまとめて混ぜて作り置きして、毎日少しずつ使う。

◎目に入らないよう注意すること。万一目に入った場合は、こすらずにすぐ洗い流し、念のため眼科を受診すること。

◎皮膚に傷がある場合は使用を控えること。傷の部分に塩が入り込むと、炎症を起こす可能性がある。

◎パック後にあまった分は、手足などの体に使用してもよいが、顔など「見えやすい部位」は避ける（赤くなる可能性もあるため）。

◎使用中や使用後に、発疹や発赤、かゆみ、刺激感が現れた場合はマッサージの強さを弱くすること。

◎数日たっても異変が残る場合は、皮膚科専門医などを受診すること。

◎浴室の床に落ちたパック剤をそのまま放置すると、すべりやすくなる。パック後は、すぐに浴室の床を洗い流すこと。

◎パック剤は、そのまま排水口に流してよい。

◎入浴剤として当パックを使用する場合、残り湯で顔や髪は洗わないこと。

◎入浴剤として使用する場合は、浴槽の底がすべりやすくなるので、十分に注意して入浴すること。

◎他の入浴剤との併用は避けること。

◎貴金属は外してから入浴すること。

◎残り湯で洗たくはしないこと。

◎使用したお湯は、その日のうちに流すこと。

◎全自動給湯器の場合は、その機種の説明書を確認の上使用すること。

◎24時間保温などの循環風呂釜での使用は**やめること**（浴槽や風呂釜を傷める可能性もあるため）。

◎風呂の**二度焚**《だ》**きはやめること。**

◎湯を沸かすタイプのお風呂では風呂釜内部にサビ等が付着し**故障の原因になる**。誤って二度焚きした場合は風呂釜・フィルターを水洗いすること。

毎日！　さらにお腹つやつや！

白馬の毛ブラッシング

■効能

◎下腹がやせる「下腹期」（63ページ参照）を終えた頃におこなうと、取り残されがちな「お腹の皮」（たるみ）が、引き締まる！

◎外からの刺激により血流が改善され、細胞が活性化し、新陳代謝がアップし、お腹がやせやすくなる！

◎ブラッシングにより、余分な角質が取れて美肌になる！

■用意するもの

◎白馬の毛（白馬毛）のボディブラシ

通販での入手が、もっとも手軽。価格は1本3000円～4000円程度。あらゆる動物の毛のなかでも、馬毛は毛先が細くやわらかいことで知られる。また馬毛のなかでも「黒馬毛」より「白馬毛」のほうがやわらかいとされる。

保管法

◎風通しのよいところに吊《つ》るすなどして、保管する。

使い方

①入浴前におこなう（パックをおこなう前）。鏡のある明るいところでお腹を出す（角質が周りに飛び散ってもよい場所を選ぶ）。

②白馬の毛ブラシで、1分間、お腹をドライブラッシングする。前半30秒は、**「くびれを作ること」を意識して、左右両方の脇腹から、おへそ（内側）に向かってブラッシングする。後半30秒は「お肉よ、もち上がれ～」という気持ちで、下から上に向かってブラッシングする。**

注意点

◎毎日、おこなうのがおすすめ。

◎角質を効率よく落とすには、乾いたブラシでの「ドライブラッシング」がベスト。ブラシは、体を洗うときのものと区別し、つねに乾いた状態で使うこと。

◎使用中や使用後に、発疹や発赤、かゆみ、刺激感が現れた場合はブラッシングの強さを弱くすること。

まい……
白馬でやせて
王子の方もゲットね♡
ゴシ
ゴシ

もしもあなたが
ダイエット番組に出演したら

先生 いかがでしたか？　今日は帰りに材料を手に入れて、明日の朝から「スーパー・ペタンコドリンク」をはじめてみてください。

継続のカギは、ズバリ〝材料の調達〟にあります！「ココナッツオイル」「甘酒」「豆乳」については、女性誌などでよく取り上げられるようになって人気が爆発して、健康志向のお店はもちろん、**一般的なスーパーでも取扱いが増えてきました。**定期的に通えるエリアで、すぐに入手できる先を確認しておいてくださいね。重たいものですから、通販でまとめ買いしてもよいかもしれません。

麻衣 **重曹とクエン酸は、小さな薬局でも置いてあるのを見たことがあります。**「ナチュラルクリーニングブーム」のおかげでしょうか。ほかの塩やオリーブオイル、ハチミツなんて楽勝で集められますね。

お腹パックも早くやってみたい！　でも先生、パックって鏡を見ながらやらないとダメですか？

先生 鏡なしでは、やりにくいですね。でも「鏡を見ざるをえない」という強制力も、パックの効能としてとらえてみませんか。ご本人にとっては、つらいことかもしれないけれど、現実と向き合ういいきっかけになりますから。「お腹を見ない人」って、ほんとうにうまく**お腹をスルーしているん**です。

麻衣　ドキッ。たしかにお腹は「見たくない」って思ったら、視界から簡単に消し去ることができます。洋服で隠し通せるし、お風呂に入ってもお腹とちがう方向をずっと見てます。お腹を洗うときは、手探りで洗ってすませます（笑）。

先生　「お腹に視線をやらない」という方は、「お腹をやさしく手で触ること」なんて、ほぼゼロなわけでしょう？　心の深いところでは「私に、下腹ポコリなんて存在してない！」くらいに思っていらっしゃるはずですから。

でも残念ながら、それって「心と体がいい関係にある」とは、言えないんです。**パックをすることで今のお腹の状態をきちんと認めて、たいせつにいつくしんであげてください。まずはそこからです。**

麻衣　うわー、言われてみるとパックをするのがイヤになってきました。手間の問題とかじゃなくて、お腹と向き合うのは精神的にきついかも！

先生　**下腹ペタンコのためには、まずはお腹の「見える化」が大事なの。**そのためにはお腹パックはとってもいいんですよ。「白馬の毛ブラッシング」だって、気持ちいいですよ。やさしくてイケメンの白馬の王子様が、応援してくれてそうで……！　いろんな妄想が楽しめるから、毎日飽きずに続けられるはず。それでもつらければ、お腹に対する認識を180度変えてみましょう。

「今の私は立派な下腹ポコリ。だからこそ、劇的に変身できるはず！」

そんなふうに楽しんでいきませんか。自分がテレビ番組に出て「ビフォー・アフター」を披露するダイエッターだと思い込むんです。スタジオがいちばん盛り上がって、視聴者の皆さんに感動や勇気を与えることができるのって「劇的な変化」を遂げた人ですよね。もちろん変身に成功していちばんうれしいのは、ほかならぬご本人のはずです。

麻衣　たしかに。じゃあ今の私のお腹は「劇的に変化する可能性を秘めた、期待の有望株」「成長ののびしろが大きい」ってことですね。そう思うとワクワクするかも！

先生　そうです！　テレビのスタジオでダイエット後の「アフター」を披露するつもりで、ワクワクしながら取り組んでください。

やせたdeショー

バサッ
deショー
大成功
スラリ
パチ
パチ
すげーっ
オオオーーッ
やせたー

第5章

ご機嫌でダイエットを続けられる「心」のコツ

美しさは、内からみなぎり、目からあふれるもの。
外見だけの話じゃないの。
（ソフィア・ローレン）

自分をたいせつにする

――2週間後。「今日で最後の取材になるのだろうか」と考えつつ、Micaco先生の教室を訪れました。どうしてもうかがっておきたいのは「ダイエットをラクに続けられる心のあり方」について。先生なら、その答えをきっと知っているはずです。

麻衣　自宅でのエクササイズを3週間終えて、体を動かすのが気持ちよくなってきました。お腹《なか》パックも楽しみながらやってます。「白馬の毛ブラッシング」は、取れた角質が宙に舞うのを見るのがおもしろくて、毎日続けています。

この前は、「自信をもつためにダイエットをする」というお話をしていただいたじゃないですか。そのおかげで、納得して自分のお腹と向き合えるようになった気がします。自信をもつことってほんとに大事ですね。

先生　そうなの。じつは私自身も以前はとっても自信のない人間だったからすごくわかるんですよ。

麻衣　えええっ、先生、まったくそうは見えないんですけど……。その美しさで自信がなかったら、いったいどこの女性が自信をもてるんですか！

先生　うーん、でもほんとうなんですよ。私の場合は育った環境がちょっと特殊なのかもしれません。私ね、幼い頃から、母に褒められた記憶があまりないんです。

麻衣　お母さんにですか？　えっ、どういうことでしょう？

先生　自分で言うのもおかしな話ですが、私はそれなりに成績がよくて運動もできて、学校ではいわゆる「優等生」だったんです。でも、もっともっとと足りないところばかり指摘されて、がんばっても認められたことがないんです。

麻衣　それはつらいですね……。

先生　私、子どもの頃は1週間すべて習い事にいかされていたんです。母は、自分が果たせなかった夢をすべて私にかけたみたいで。3歳からピアノにも通わされ、毎日1時間泣きながら練習していた記憶もはっきり残っています。

結局、母の思い通りには何ひとついきませんでしたが……。

子どもの頃って母がすべてじゃないですか。その母に認められたことがない私は、どんなに結果を出しても、つねに自分に自信を持てない人になってしまったんです。

麻衣　そうだったんですか……。あの、先生のお父さまはどんな方だったんですか？

先生　父親は、ほとんど家にいない人で、自宅に寄りつかなかったんです。でもギリギリのところで、両親は離婚に至らなかった。

麻衣　先生は、そんなご家族に反発したりしなかったんですか？

先生　もちろん、私は家から逃れたかったですよ。「早く家を出て自立しよう」と思いました。家から自立することが、仕事をがんばる原動力にもなってくれました。

最近ようやく、「私って家族との関係がうまくいっていなかったのかな」って気づけるようになりました。そしてこの年になってようやく幼い頃の心の古傷に気づいて、癒やしているところです。

麻衣　どうすれば、そんなに大きくて深ーい傷を癒やせるんですか？

先生　**自分で自分をたいせつにしてあげること**がいちばんだと思います。そのために体をケアすることはすごく有効なんです。スタイル面でも、健康面でも、「こうありたい」っていう状態に自分を導いていければ、自分が愛《いと》しくなって、たいせつにしようと思えるんです。そうなると、自信もわいてきますしね。

麻衣　深いお話ですね。Ｍｉｃａｃｏ先生が、ちっちゃかった頃に受けた心の傷に気づいて、自分で自分の心をケアされているなんて。幸せな方だとばかり思っていました……。

好きなことは、ガマンしちゃだめ

先生　麻衣さんは、はじめてお会いしたとき、私のことを「美容エリート」って呼んでくださったでしょ。とてもうれしかったんですけれど、ほんとうの私はそんなに立派じゃないんです。鉄の意志をもっているわけでもなく、うまれつきガマンが得意なわけでもない。ダイエットのために生きているわけでもない。どちらかというと、ふつうの人より心は弱いかもしれません。でも経験を積んで、自分の機嫌をとりながら目標を達成させていくことにかけては達人になれたんです。

麻衣　ええっ。先生はガマンがお得意で、禁欲的な人にしか見えないんですが。

先生　ぜんぜん禁欲的なんかじゃないんですよ。だって私、大酒飲みですよ（笑）。堂々と言うことじゃないですが、赤ワインのボトルを毎日半分は空けています。外で仲間と飲むときはひとりでフルボトルを空けたり、そこにテキーラが加わることさえあります。記憶が飛んだり、大きな失敗したことはないんですけどね。

大事なのは、「なぜ飲みたくなるのか」というところです。「好きだから」ということはあるでしょうけど、ストレスも少なからず影響はしているはずなんです。家族や将来のこと……。だからストレス解消のためのアルコールを、自分に許してるんです。

ときには暴飲暴食したくなるのが人間です。心が「ガス抜きしておこう」として、美食三昧に走ることだってありますよね。いくら「ダイエット中」だからといっても、そんな心の動きはできるだけ止めないほうがいいと思うんです。

麻衣　たしかに。楽しむことをやめると、ストレスがよけいに大きくなりそうです。

先生　これまでの多くのダイエット法は、体と心に制限をかけすぎなんだと思うんです。だから**ダイエット自体が、新たなストレスになることも多かった**。でも、私のエクササイズを続けてくださる女性たちには、ストレスをできるだけ軽くしてほしい。そうしないと、長くなんて続くわけがないですから。

潜在意識に理想のボディラインを刻み込め

先生　ダイエットには絶対に「ヤル気スイッチ」が必要です。このスイッチは、全員ちがうところについています。たとえば恋愛も、定番のヤル気スイッチのひとつ。でもそれ以外にも種類は豊富にありますよ。

　わかりやすいのは**「おでかけやイベントなどの予定を立てる」**というスイッチです。

「3か月後に素敵なドレスを着て、友人の結婚式に参列したい」

「夏にはビキニを着て、彼氏と海に行きたい」

「キレイになって同窓会に出て、10年ぶりに級友たちと再会したい」……。

　こんな予定があれば、楽しくエクササイズできるものです。「おでかけでテンションが上がる」という人は、予定を多く入れればやせやすくなるでしょう。

健康のために「やせよう」と決意するのもよいスイッチです。「脂肪がたくさんついた自分の内臓の写真」を主治医から見せられたら、エクササイズしたくなるはず。

　ポイントは、**自分のヤル気スイッチは、自分でしか探せないということ。**「ダイエットが続く動機を探してほしい」と友人に頼まれたことがあるんですが「自分で探しなさい！」と叱咤激励《しったげきれい》してしまいました。

麻衣　なるほど。自分のスイッチは、自分でしか探せないんですね……。

先生　それから、目標を達成したいと思ったら「潜在意識」を味方につけると、うまくいきますよ。「潜在意識」とは、自分でハッキリと認識していない意識のことです。もう一方が、自分でつねに認識をしている「顕在意識」です。

麻衣　えーっと、意識って二重構造になっているということですか？

先生　そうです。フロイトやユングといった有名な心理学者たちも、この二重構造に注目していました。心は、顕在意識が固く思い込んだ方向にしか進まないようにできています。「私もやせられる！」と顕在意識でとらえていたら、脳から潜在意識にもその情報が伝わり、行動が変わり結果を出しやすくなるの。だから**「やせる！」と思い込むことが大事なんです。**

麻衣　「なかなかそうは思い込めない」という場合はどうしたらよいでしょう？

先生　自分の理想のスタイルの女性の写真を壁に貼ったり、「やせたら着たい服」を買ってきて、目につくところに掛けておくといいですよ。**視覚を通して、映像の情報を脳に取り込み、潜在意識に願望を刻みつければ、目標に手が届く確率はぐんとアップします。だから「やせたら着たい服」は、しまい込んじゃダメなんです。**

麻衣　うーん、そうなんですね！　私、買ってきた服は大事にしまい込んじゃってましたよ。貧乏性なもので、大事に大事に……（笑）。これからは、買ってきた服を仕事場に吊るしておきますね。お仕事も、なんだかはかどりそう！

では4週間プログラムも、いよいよ残り1週間。楽しみながらがんばります！　いい結果が残せるといいなぁ。ちょうど今、ほしい服があるんですよねぇ。

先生　はい、うれしいご報告をお待ちしていますよ！　くれぐれも、食事を極端に節制したり、好きなことをがまんしたりしないで、楽しくすごしてくださいね。

4週間のエクササイズ・プログラムが終わりました

プログラムを終えた私は、達成感に包まれていました。こんなにマジメに、目標に向かってがんばり続けたことがかつてあったでしょうか。気になる数値にも努力のあとは出ていました。そして、見た目にもいちじるしい変化が出ていたのです。

私は街に出て、前から目をつけていたワンピースをご褒美として入手することにしました。念のために試着をさせてもらったところ、1か月前の試着時とは、お腹まわりのシルエットがまったくちがっていたんです！「お腹さえ引っ込めば、おしゃれの幅がぐんと広がる」ということがよくわかりました。下腹ポコリから〝卒業〟できたうれしさをかみしめながら、私はワンピースをレジへと持っていきました。

ほんのちょっとの決心と行動で、体は変えられる。

そう気づけたことは、Ｍｉｃａｃｏ先生から受け取った大きな贈りものでした。

翌朝、私は手に入れたばかりのワンピースを着て、仕事場のパソコンでＭｉｃａｃ

O先生にメールを打っていました。ワンピースのウエストには、セットでついていたベルトを締めました。ベルトに手が伸びたのは、10年ぶりくらいのことです。ひどい話ですが、今まで「お腹が苦しい気がするから」っていう理由で、付属のベルトはことごとく処分をしてきたんです。でも今は、ベルトをキュッと締めたい気分でした。

先生から受け取ったメッセージを、今度は多くの女性たちに伝えていかなくちゃね。

「Micaco先生、このたびは何度もお話をしていただき、ありがとうございました。これから原稿をまとめ、夏には本屋さんに並ぶよう作業を進めてまいります」

パソコンを打つ私の横に、出勤前の夫がひょいと現れました。

「4週間、がんばったね」

彼はそう言って、やさしく肩を抱いてくれたのです。

あとがき

「Micaco先生には、どうせコンプレックスなんてないんでしょう？　いつもお肌ツルツルだし、キレイだし、スリムだし……」

こんな言葉をいただくことがあります。

お気持ちはうれしいのですが、とんでもない！

私を苦しめたふたつのコンプレックスについて、最後にお話ししておきます。

ひとつめのコンプレックスは、学生時代から20代にかけての「長身コンプレックス」です。

背が高いことがいやでいやで、たまりませんでした。「目立たないように」とひかえめにふるまううちに、「猫背を直しなさい」と人に指摘されるまでに姿勢が悪くなっていました。

そしていつしか、行動までもが消極的に……。

ささいなコンプレックスのおかげで、多くの時間や機会を無駄にしてきたんです！

そんなイタ〜い私が断言できること。

それは「コンプレックスは、女性から笑顔を奪って不幸にする」という事実です。

欲を言えば、コンプレックスの原因を根本から絶てれば理想的でしょう。


とは言え「背の高さ」を根本的に解決するなんて、ふつうに考えるとムリな話。

いったいどうやってコンプレックスとお別れできたのかというと、あるコンパニオンのアルバイトがきっかけでした。

指定のコスチュームを着るだけで、長身の女性は約2倍の報酬がいただけたのです。

そのコスチュームは、長身の欧米人の体型を意識した、かわいいデザインのものでした。

おまけにアルバイト先には「背が高い女性が少なくて困っていたんだよ」と喜んでもらうことまでできたのです。

「背が高いだけで報酬が倍になった！」というお金の問題だけではありません。

背が高いからこそ着こなせるファッションがあるということ、またアルバイト先のお役に立てたことで、私の心は少しずつ変わりはじめました。

「背が高いことって、もしかすると悪くないかもしれない」

そう思えるようになると笑顔が増えたり、おしゃれを楽しんだり外に出て人と会う機会が増えはじめました。以前よりも積極的に生きられるようになったのです。

ふたつめのコンプレックスは、本書のテーマでもある「下腹コンプレックス」です。子どもたちを出産後、二度経験しましたが、とっても苦しめられました。産後はだれだって、下腹ポコリで当たり前ですよね。でも……。

「ペタンコ下腹は、二度と戻らない」

いったんそう思い込むと気持ちは沈むわ、表情はくもるわ、今考えると、下腹ポコリのせいで産後うつになりかけていたのかもしれません。ただ「下腹コンプレックス」は、自分が開発したエクササイズで乗り越えることができたのです。

その結果、お腹《なか》がペタンコになったときの喜びといったら！

おかげで、子育ても私なりのペースで、自信をもって楽しむことができました。その後、2回の苦しい離婚を乗り越え、息子たちと笑いながら楽しくやってこられたのも、「下腹コンプレックスを乗り越えられた」という〝自信〟のおかげでしょう。

「コンプレックスを克服する」という〝成功経験〟は、私たちに自信を与え、人生を根っこのところから変えてくれます。

それは「マイナス」の気持ちを「ゼロ」という原点にただ戻してくれるだけではありません。「私もやればできるんだ」という大きな自信がおまけとしてついてくるため、たとえていうと、自己肯定感が「マイナス」の領域から「プラス10000」くらいにまで一気に増えることになるのです。

あなたが今、少しでも下腹が気になっているのなら、「時間」「自信」「笑顔」など、私のようにいろいろなものを損しないうちに、どうか早めに解消しておいてください。

自分の体ときちんと向き合い、愛せるようになれば、将来訪れるかもしれないさまざまな病気を遠ざけ、たいせつな人とよりよい時間を共有できるようになるはずです。

2017年　風薫る5月に

ボディライン・アーティスト　Micaco

ブックデザイン　鈴木大輔・江﨑輝海（ソウルデザイン）
イラスト　サトウヨーコ
撮影　鈴木江実子
ヘアメイク　遠藤芹菜
校閲　鷗来堂
DTP　天龍社
構成　山守麻衣
編集　黒川精一（サンマーク出版）

胸は落とさない！
下腹ペタンコダイエット

2017年7月10日　初版印刷
2017年7月28日　初版発行

著　者　Micaco
発行人　植木宣隆
発行所　株式会社サンマーク出版
東京都新宿区高田馬場2-16-11
電話 03-5272-3166（代表）
印刷・製本　共同印刷株式会社

©Micaco, 2017 Printed in Japan

定価はカバー、帯に表示してあります。
落丁・乱丁本はお取り替えいたします。
ISBN978-4-7631-3635-0　C0036
ホームページ　http://www.sunmark.co.jp